ARARIBÁ PLUS Português

CADERNO DE ATIVIDADES 9

Organizadora: Editora Moderna
Obra coletiva concebida, desenvolvida
e produzida pela Editora Moderna.

Editora Executiva:
Mônica Franco Jacintho

5ª edição

CB053125

MODERNA

© Editora Moderna, 2018

MODERNA

Coordenação editorial: Mônica Franco Jacintho, Debora Silvestre Missias Alves
Edição de texto: Debora Silvestre Missias Alves, José Gabriel Arroio, José Paulo Brait, Mônica Franco Jacintho, Glaucia Amaral de Lana
Assistência editorial: Solange Scattolini
Gerência de *design* e produção gráfica: Sandra Botelho de Carvalho Homma
Coordenação de produção: Everson de Paula, Patrícia Costa
Suporte administrativo editorial: Maria de Lourdes Rodrigues
Coordenação de *design* e projetos visuais: Marta Cerqueira Leite
Projeto gráfico e capa: Daniel Messias, Otávio dos Santos
Pesquisa iconográfica para capa: Daniel Messias, Otávio dos Santos, Bruno Tonel
    Fotos: Helena Schaeder Söderberg/Getty Images
Coordenação de arte: Carolina de Oliveira
Edição de arte: Edivar Goularth
Editoração eletrônica: Estação das Teclas Editorial Ltda-ME
Coordenação de revisão: Elaine C. del Nero
Revisão: Ana Tavares, Renata Palermo, Salete Brentan
Coordenação de pesquisa iconográfica: Luciano Baneza Gabarron
Pesquisa iconográfica: Cristina Mota, Maria Marques
Coordenação de *bureau*: Rubens M. Rodrigues
Tratamento de imagens: Fernando Bertolo, Joel Aparecido, Luiz Carlos Costa, Marina M. Buzzinaro
Pré-impressão: Alexandre Petreca, Everton L. de Oliveira, Marcio H. Kamoto, Vitória Souza
Coordenação de produção industrial: Wendell Monteiro
Impressão e acabamento: EGB Editora Gráfica Bernardi Ltda.
Lote: 278414

Elaboração de originais

Camila dos Santos Ribeiro
Bacharel em Letras pela Universidade de São Paulo.
Mestre em Letras pela Universidade de São Paulo. Editora.

José Gabriel Arroio
Bacharel e Licenciado em Letras pela Faculdade de Filosofia, Ciências e Letras Nossa Senhora Medianeira. Editor.

José Paulo Brait
Bacharel e licenciado em Letras pela Faculdade Ibero-Americana de Letras e Ciências Humanas. Editor.

Mônica Franco Jacintho
Bacharel em Comunicação Social pela Escola de Comunicações e Artes da Universidade de São Paulo. Editora.

Regiane de Cássia Thahira
Bacharel em Letras pela Universidade de São Paulo.
Bacharel em Comunicação Social pela Universidade Metodista de São Paulo. Editora.

Glaucia Amaral de Lana
Pós-graduada em Comunicação Social pela Universidade de São Paulo.
Bacharel em Letras pela Universidade Estadual Paulista "Júlio de Mesquita Filho". Editora.

Ana Santinato
Licenciada em Letras pela Pontifícia Universidade Católica de Campinas.
Bacharel em Comunicação Social pela Pontifícia Universidade Católica de Campinas.

Ariete Alves de Andrade
Licenciada em Letras pela Pontifícia Universidade Católica de Campinas.

Benedicta Aparecida dos Santos
Mestre em Filologia e Língua Portuguesa pela Universidade de São Paulo.

Fernando Cohen
Bacharel e Licenciado em Letras pela Universidade de São Paulo.
Mestre em Literatura Brasileira pela Universidade de São Paulo.

Tatiana Fadel
Bacharel em Letras pela Universidade Estadual de Campinas.

Dados Internacionais de Catalogação na Publicação (CIP)
(Câmara Brasileira do Livro, SP, Brasil)

Araribá plus : português: caderno de atividades / organizadora Editora Moderna ; obra coletiva concebida, desenvolvida e produzida pela Editora Moderna ; editora executiva Mônica Franco Jacintho — 5. ed. — São Paulo : Editora Moderna, 2018.

Obra em 4 v. para alunos do 6º ao 9º ano.

1. Português (Ensino Fundamental) I. Moderna, Editora. II. Jacintho, Mônica Franco.

18-16663   CDD-372.6

Índices para catálogo sistemático:
  1. Português : Ensino Fundamental   372.6
Maria Alice Ferreira – Bibliotecária – CRB-8/7964

ISBN 978-85-16-11349-0 (LA)
ISBN 978-85-16-11350-6 (LP)

EDITORA MODERNA LTDA.
Rua Padre Adelino, 758 – Belenzinho
São Paulo – SP – Brasil – CEP 03303-904
Vendas e Atendimento: Tel. (0_ _11) 2602-5510
Fax (0_ _11) 2790-1501
www.moderna.com.br
2019
Impresso no Brasil

1 3 5 7 9 10 8 6 4 2

Imagem de capa

A imagem da capa destaca o uso do celular como ferramenta de comunicação, estudo ou entretenimento.

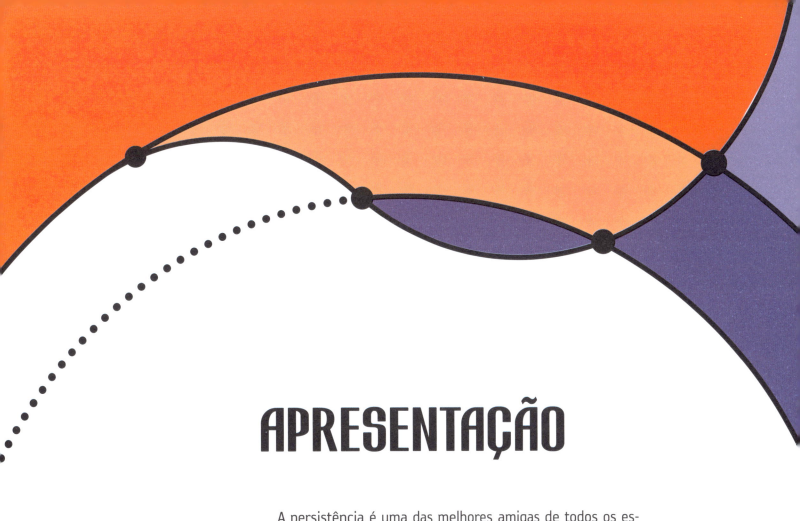

APRESENTAÇÃO

A persistência é uma das melhores amigas de todos os estudantes. Ao lermos novamente um texto para que possamos compreendê-lo melhor, ou ao tentarmos entender como um conceito gramatical está relacionado aos textos orais e escritos que produzimos, nós estamos exercitando essa importante qualidade.

Nesta 5ª edição, o *Caderno de atividades* foi elaborado para ajudar você a revisar o que aprendeu de gramática desde o 3º ano e praticar o conteúdo do 6º ao 9º ano.

Preparamos resumos e atividades para que você possa estudar de forma objetiva e eficiente. E procuramos elaborar atividades com textos interessantes e divertidos para que seus momentos de estudo possam ser ainda mais ricos. Aproveite este *Caderno de atividades* para fixar o que já aprendeu e para aprender conceitos novos!

SUMÁRIO

ORTOGRAFIA

ORTOGRAFIA

1. Complete com **porque**, **por que**, **porquê** ou **por quê**.

a) André, _____ você faltou à aula ontem?

b) Quero saber _____ você não veio.

c) Essa é a rua _____ passamos ontem.

d) Venha logo, _____ preciso de você.

e) Faltei à aula _____ estava com gripe.

f) Ele não veio hoje _____?

g) Você gostou do livro que leu? _____?

h) Quero saber o _____ da sua falta.

i) Fiquei gripado. Eis o _____ da minha falta.

j) Não entendo _____ há tantos questionamentos em sua monografia.

k) Tive gripe e febre. Esse é o motivo _____ faltei à aula.

2. Assinale a opção correta. Para justificar sua resposta, corrija as outras alternativas.

( ) a) Não pude vir à sua festa porquê choveu.

( ) b) Preciso descansar. Eis por que não vou sair hoje.

( ) c) Estou sem fome. É esse o motivo porque não vou jantar.

( ) d) Eu sei o motivo da sua falta. Você sabe porque?

( ) e) É esse o motivo por quê não compareci à festa.

3. Observe a grafia dos termos em destaque nas orações seguintes.

I. **Por que** não conta à professora **por que** não fez o trabalho?

II. A empresa não informou **por que** caminho se chega rapidamente ao estádio.

III. **Por que** o governo diz não compreender o **porquê** das manifestações?

Há erro de grafia:

( ) a) apenas na oração I.

( ) b) nas orações I e II.

( ) c) nas orações II e III.

( ) d) em todas elas.

( ) e) em nenhuma delas.

ROBSON ARAUJO

4. Observe os termos destacados na frase abaixo e analise os períodos seguintes. Quais das lacunas que aparecem nos períodos a seguir podem ser preenchidas pelos termos em destaque abaixo, separados e sem acento?

> **Por que** os alunos não entregaram os trabalhos na data definida?

I. Até agora ele não disse _____ não fez o trabalho.

II. Autorizei nova data para a entrega do trabalho _____ ele justificou sua falta.

III. Certamente, ele não veio _____ teve um motivo para faltar.

(   ) **a)** I, apenas.   (   ) **d)** II e III.

(   ) **b)** I e II.

(   ) **c)** I e III.   (   ) **e)** I, II e III.

- Como devem ser grafados os termos que poderiam completar adequadamente a(s) outra(s) lacuna(s)?

_____

5. Leia o trecho a seguir e preencha a lacuna com **por que**, **porque**, **porquê** ou **por quê**. Depois, justifique sua resposta.

    Parece que a minha sombra deslizou por entre os dois amigos, ao falarem na morte. Os dois suspenderam bruscamente a palestra, que já se animava. E

não é pretensão minha dizer isso, _____ , quando o Caldas retomou a palavra, foi a meu respeito, com um suspiro:

    — E lá se foi o Simões...

LESSA, Orígenes. *João Simões continua*. São Paulo: Moderna, 2003. p. 35.
(Fragmento adaptado para fins didáticos).

_____

_____

2. EMPREGO DE *HÁ* OU *A*

6. Empregue **a** (preposição) ou **há** (verbo).

a) Para a viagem valer a pena, o melhor é você ir _____ cavalo.

b) Não seja tão ansioso. Daqui _____ pouco chegaremos.

c) Estou fazendo regime _____ duas semanas.

d) Minha escola fica _____ duzentos metros daqui.

e) Passei por lá _____ alguns dias.

f) Voltarei lá daqui _____ três semanas.

g) Não _____ vagas.

h) Dei _____ ela o melhor de mim.

i) Isso não diz respeito _____ ninguém: nem _____ mim,

nem _____ você, nem _____ ele.

j) _____ muitas pessoas perdidas no mundo.

7. Retome as frases do exercício anterior nas quais você empregou a forma verbal **há**.
   a) Em quais delas é possível trocar **há** por **faz**?

   _____

   b) E em quais é possível trocar **há** por **existem**?

   _____

   c) Com base nas respostas aos itens **a** e **b**, o que podemos concluir a respeito do verbo *haver*?

   _____

   _____

8. Nas frases seguintes, indique nos parênteses se o **a** é artigo (AR), preposição (PP) ou pronome (PN).
   a) Já falei **a** (   ) você **a** (   ) verdade sobre os últimos acontecimentos.
   b) Nada disse **a** (   ) ele nem **a** (   ) meus pais.
   c) Eu **a** (   ) encontrei em casa e lhe falei sobre **a** (   ) prova de ontem.
   d) Pedi **a** (   ) Carlos que respeitasse **a** (   ) prima.
   e) Disse **a** (   ) ela que lhe entregaria **a** (   ) bolsa quando **a** (   ) encontrasse.

9. Analise as afirmativas seguintes e assinale **C** (certo) ou **E** (errado).
   (   ) **a)** O artigo **a** acompanha o substantivo feminino.
   (   ) **b)** O pronome **a** substitui um nome feminino ou masculino.
   (   ) **c)** A preposição **a** liga e relaciona um termo a outro, mas nunca estará antes de um substantivo masculino.
   (   ) **d)** O artigo **a(s)** concorda em gênero e número com o substantivo que acompanha.

10. Marque qual alternativa explica o uso de **há**, do verbo **haver**, na frase a seguir.

   Ela não via os primos há quase três anos.

   (   ) *Há* indica um fato que ainda vai ocorrer, que está no tempo futuro.
   (   ) *Há* refere-se à distância nessa frase.
   (   ) *Há* indica um fato que ocorreu no passado e equivale a *faz*, do verbo *fazer*.

ACENTUAÇÃO, PONTUAÇÃO E OUTRAS NOTAÇÕES

ACENTUAÇÃO, PONTUAÇÃO E OUTRAS NOTAÇÕES

Reprodução proibida. Art.184 do Código Penal e Lei 9.610 de 19 de fevereiro de 1998.

1. MONOSSÍLABOS ÁTONOS E TÔNICOS

1. Observe os monossílabos destacados nas frases e marque **A** para átono ou **T** para tônico.

   a) É melhor **pôr** o vaso aqui. (   )

   b) Agora, vou **por** este caminho. (   )

   c) O caminho **por** onde vou para a escola é sempre o mesmo. (   )

   d) Este livro? **Pôr** aqui ou **pôr** ali, tanto faz. (   ) (   )

   e) Devo ir **por** aqui para **pôr** os livros naquela estante. (   ) (   )

   f) Aquelas pessoas são **más**, **mas** nem todos sabem dessa maldade. (   ) (   )

   g) **Dê** um vestido **de** cetim a ela. (   ) (   )

2. Considere os monossílabos destacados no exercício anterior e responda às perguntas.

   a) Embora apresentem a mesma grafia, alguns deles são tônicos e outros são átonos. O que os distingue?

   _____

   b) A que classes gramaticais pertencem esses monossílabos?

   _____

3. Dê a classe gramatical de cada um dos monossílabos destacados nas frases a seguir e indique entre parênteses se eles são átonos ou tônicos.

   a) João e Pedro **se** conheceram **há** poucos meses.

   _____

   b) Você, **que** pensa tanto, está pensando em **quê**?

   _____

   c) **A** ideia **de** viajar é ótima, **mas tem** um problema: **o** trajeto exige ótima forma física.

   _____

   d) **Lá**, **os** melhores amigos **do** homem continuam sendo os **cães**.

   _____

ROBSON ARAUJO

e) **Eu** gosto **de** salgado; ele, de doce.

_____

f) Não vá **sem mim**. Tenha **fé**!

_____

g) **Dê** o melhor **de si**.

_____

h) **O** diretor entregou-**lhe a** medalha **e o** elogiou muito.

_____

i) **Meu** amigo mora **lá**; **eu** moro **cá com** minha família.

_____

_____

4. **Levando em conta as respostas do exercício anterior, marque V (verdadeiro) ou F (falso) para as afirmativas abaixo.**

( ) **a)** Monossílabo tônico é aquele pronunciado fortemente na frase, e monossílabo átono é aquele pronunciado fracamente.

( ) **b)** O monossílabo tônico é sempre acentuado graficamente.

( ) **c)** O monossílabo átono não tem acento próprio e, por isso, precisa apoiar-se na palavra que vem antes ou depois dele.

( ) **d)** São monossílabos átonos os artigos, todos os pronomes pessoais, o pronome relativo **que**, as preposições e as conjunções monossilábicas.

( ) **e)** São monossílabos átonos os artigos, alguns pronomes pessoais oblíquos, o pronome relativo **que**, as preposições e as conjunções monossilábicas.

( ) **f)** Substantivos, adjetivos, advérbios, pronomes pessoais retos, pronomes possessivos, alguns pronomes pessoais oblíquos e verbos de uma só sílaba são monossílabos tônicos.

2. ACENTUAÇÃO

5. **Reescreva as palavras do quadro abaixo acentuando-as e classifique-as quanto à posição da sílaba tônica.**

amago	crisantemo	matematica	aerolito	Atlantico	otimo	flacido
medico	omega	lampada	interim	publico	tinhamos	umido

_____

_____

6. Reescreva as palavras do quadro abaixo, identifique e acentue a sílaba tônica de cada uma delas e depois complete as frases **a** e **b**.

sofa	caja	Ala	Goias	vatapa	ananas
voce	cafe	Pele	sape	mes	tres
domino	cafundo	cipo	jilo	retros	supos
amem	recem	refem	tambem	armazens	parabens

a) De acordo com a posição da sílaba tônica, todas essas palavras são classificadas como _____.

b) Acentuam-se todas as _____ terminadas em _____.

7. Reescreva as oxítonas abaixo, acentuando-as se necessário.

alguem	funil	Urupes	jacare	varonil	ruim
Para	sutil	Nobel	cateter	parabens	carcara
condor	vintem	jua	ninguem	alo	robo

8. As palavras abaixo são todas paroxítonas. Reescreva-as e acentue-as se necessário.

imã	martir	reporter	orfão	taxi	torax
orfãs	eletron	gratis	lapis	biceps	tunel
beriberi	fenix	forceps	incrivel	proton	bençãos
virus	album	agua	carie	foruns	serie

9. Para exemplificar as regras de acentuação das paroxítonas, copie as palavras do exercício anterior na coluna correspondente da tabela abaixo.

Paroxítonas acentuadas	
Terminações	Exemplos
l, n, r, x, ps	
i, is	
um, uns, us	
ã, ãs, ão, ãos	
ditongo oral	

10. Leia em voz alta as palavras destacadas e classifique-as na tabela abaixo de acordo com a posição da sílaba tônica.

a) Aquela **fábrica** antiga **fabrica** maquinários diversificados.

b) Marina é **sábia**, mas não **sabia** como proceder naquela situação.

c) Não **contem** com minha participação no evento: ele não **contém** atrativos.

d) **Esta** situação já **está** causando problemas a todos os participantes.

e) Tudo não passou de um **equívoco**. Porém, raramente me **equivoco**.

Oxítonas	Paroxítonas	Proparoxítonas

11. Sublinhe a sílaba tônica das paroxítonas a seguir.

pudico	recorde	rubrica	têxtil	filantropo
avaro	cartomancia	gratuito	juniores	austero
ciclope	ibero	tulipa	erudito	decano

12. Complete as frases com as palavras do exercício anterior. Se for preciso, consulte o dicionário.

a) Que é feito ou dado de graça: _____

b) Pessoa que tem amor à humanidade: _____

c) Aquele que tem muito apego a dinheiro: _____

d) Nome dado à adivinhação por baralho: _____

e) Assinatura abreviada: _____

f) Aquele que tem pudor, vergonha: _____

g) Tipo de flor: _____

h) Plural de júnior: _____

i) Antigo habitante da Ibéria: _____

j) Aquilo que se pode tecer: _____

k) O mais antigo ou mais velho membro de uma instituição: _____

l) Pessoa severa, séria: _____

m) Fato ou realização que supera o anterior: _____

n) Gigante mitológico de um olho só: _____

o) Homem culto, instruído: _____

13. Observe a grafia das palavras e pronuncie-as em voz alta.

saída	saúde	egoísta	feiura	baiuca	taoismo

a) O que você observou em relação à escrita e à pronúncia dessas palavras?

_____

_____

_____

b) O que podemos concluir a respeito da acentuação gráfica do **i** e do **u** tônicos nos hiatos?

_____

_____

14. Leia as palavras do quadro abaixo em voz alta e assinale **V** (verdadeiro) ou **F** (falso) para as frases a seguir.

baú	aí	saúde	saída	país
graúdo	saúva	alaúde	egoísta	balaústre

(   ) **a)** O **i** e o **u** das palavras do quadro são átonos e por isso não deveriam ser acentuados.

(   ) **b)** O **i** e o **u** são tônicos e estão corretamente acentuados, mesmo nas palavras em que são acompanhados de **s**.

(   ) **c)** As vogais **i** e **u** formam hiato com a vogal anterior dessas palavras.

(   ) **d)** O **i** e o **u** fazem parte da mesma sílaba em que estão as vogais que as precedem.

15. Leia as palavras do quadro em voz alta e responda às questões.

ateu	véu	chapéu	troféu	céu	europeu
herói	freio	anéis	jiboia	geleia	joia
claraboia	assembleia	alheio	areia	joio	arroio

a) Em quais dessas palavras os ditongos têm timbre aberto e em quais eles têm timbre fechado?

_____

_____

b) Em relação à sílaba tônica, como essas palavras podem ser classificadas?

_____

_____

c) Quanto à acentuação gráfica, o que é possível concluir em relação aos ditongos abertos ou fechados?

_____

_____

16. Considerando o exercício anterior, assinale **V** (verdadeiro) ou **F** (falso).

(   ) **a)** O ditongo **eu** pode ter pronúncia aberta ou fechada.

(   ) **b)** Não recebe acento gráfico o ditongo **eu** fechado.

(   ) **c)** Os ditongos **ei** e **oi** apresentam sempre pronúncia aberta.

(   ) **d)** Os ditongos **ei** e **oi** são sempre acentuados graficamente.

(   ) **e)** São acentuados apenas os ditongos abertos das paroxítonas.

(   ) **f)** Recebem acento gráfico os ditongos abertos **ei**, **eu** e **oi** das oxítonas e das monossílabas.

17. Relacione as colunas.

(a) cajá, sapé, cipó, retrós, refém, parabéns

(b) caubói, pastéis, troféu

(c) pântano, pêssego, cítrico

(d) amável, hífen, suéter, bíceps, tórax

(e) órfã, órgão, táxi, tênis, álbum, fóruns, bônus

(f) alcateia, diarreia, paranoico, androide

(g) paraíso, faísca, saúde, ataúde, balaústre

(h) rainha, campainha

(i) deem, leem, creem, voo, enjoo, perdoo, abençoo

(j) má, fé, pó, cós

(k) baiuca, feiura, bocaiuva, taoismo, Sauipe

(   ) Todas as proparoxítonas são acentuadas graficamente.

(   ) Levam acento as monossílabas tônicas terminadas em **a**, **e** e **o** seguidas ou não de **s**.

(   ) Não se acentua a primeira vogal tônica dos hiatos **ee** e **oo**.

(   ) Recebem acento gráfico as paroxítonas terminadas em **ã**, **ão**, **i**, **is**, **um**, **uns**, **us**.

(   ) Acentuam-se as paroxítonas terminadas em **l**, **n**, **r**, **ps** e **x**.

(   ) Não são acentuados o **i** e o **u** tônicos dos hiatos precedidos por ditongo decrescente.

(   ) Os ditongos abertos **ei** e **oi** de palavras paroxítonas não são acentuados.

(   ) São acentuados os ditongos abertos **eu**, **ei** e **oi** de palavras oxítonas.

(   ) Acentuam-se o **i** e o **u** tônicos dos hiatos, sozinhos na sílaba ou seguidos de **s**.

(   ) O **i** tônico do hiato, quando seguido de **nh**, não é acentuado.

(   ) Levam acento gráfico as oxítonas terminadas em **a**, **e**, **o** (seguidas ou não de **s**), **em** e **ens**.

18. Complete as frases com as formas verbais do quadro.

vê	leem	lê	veem	deem	tem
têm	contém	contêm	vem	vêm	

a) João _____ com rapidez, mas escreve devagar. (ler)

b) Este livro _____ os melhores exercícios de português. (conter)

c) Eles só _____ o que lhes interessa. (ver)

d) Quero que vocês _____ o melhor que _____. (dar – ter)

e) Estes vasos _____ terra adubada. (conter)

f) Os alunos do 9º ano _____ muito bem. (ler)

g) Quem _____ cara não _____ coração. (ver)

h) Meu irmão sempre _____ aqui aos domingos. (vir)

i) Há males que _____ para bem. (vir)

MORFOSSINTAXE

MORFOSSINTAXE

1. CONCORDÂNCIA NOMINAL

Concordância nominal é a conformidade de gênero e número que se estabelece entre o substantivo e seus determinantes (adjetivo, locução adjetiva, pronome adjetivo, artigo, numeral adjetivo e particípio).

Particularidades da concordância nominal

- Adjetivo após dois ou mais substantivos – concorda com o mais próximo ou vai para o plural: *Ofereceram-me duas frutas e uma **torta gelada(s)**.*

- Adjetivo antes de dois ou mais substantivos – geralmente concorda com o mais próximo: *Notamos o **cerimonioso gesto** e atitude.*

- Adjetivo com substantivos de gêneros diferentes – concorda em geral com o masculino: *O **treinador** e as **atletas** estavam **animados**.*

- Substantivos sinônimos ou em gradação – o adjetivo pode concordar com o mais próximo: *Sentiu uma melancolia e um **pesar intenso**. Recebeu um olhar, uma carícia, um **abraço afetuoso**.*

- **Obrigado**, sinônimo de *grato*, concorda com o substantivo ou com a pessoa a que se refere: ***Ela** disse "muito **obrigada**".*

- **Anexo** e **incluso** concordam com o substantivo a que se referem: *As **fotos** estão **anexas**. Seguem **inclusos** os **documentos**.*

- **Mesmo** e **próprio** concordam com a pessoa a que se referem: ***Elas mesmas** farão a prova. O **próprio morador** se desculpou.*

- **Bastante**, **muito**, **tanto**, **meio** e **só**, com valor de adjetivo, concordam com o substantivo a que se referem: *Plantamos **bastantes** árvores na rua. Faz **meia hora** que cheguei.*

  Observação: com valor de advérbio, são invariáveis: *Ficamos **bastante** insatisfeitos. A professora ficou **meio** aflita com o atraso.*

- **Verbos no particípio**, quando não são empregados na formação dos tempos compostos, flexionam-se como adjetivos: ***Achados** os **documentos**, ele sentiu-se aliviado. **Feitas** as **provas**, os alunos foram dispensados.*

1. Leia a tira.

BICHINHOS DE JARDIM   CLARA GOMES

a) De que respostas a terapeuta pode estar falando?

_____

_____

b) A resposta da Joaninha revela que ela concorda com a afirmação da terapeuta ou que a questiona? Justifique sua resposta.

_____

_____

c) No segundo quadrinho, com que o adjetivo **mesma** concorda?

_____

_____

2. Leia atentamente um anúncio classificado. Esse tipo de anúncio costuma ser publicado em jornais. O redator do anúncio não obedeceu às regras da gramática normativa. Observe.

a) Transcreva dois trechos em que houve concordância nominal indevida, de acordo com a gramática normativa.

_____

b) Reescreva-os fazendo a concordância adequada.

_____

c) Qual foi a falha de concordância cometida pelo redator do anúncio?

_____

_____

d) Reescreva o anúncio fazendo com que ele fique de acordo com as regras da gramática normativa.

_____

_____

_____

_____

_____

_____

e) A expressão "Vendem-se apartamentos" é muito frequente nesse gênero textual. Se fosse esse o título usado no anúncio, poderíamos afirmar que:

( )   I. a construção está inadequada, pois o verbo deveria ficar no singular, uma vez que o sujeito é indeterminado e não se sabe quem está vendendo os apartamentos.

( )   II. a construção está correta, pois a frase está na voz passiva, equivalendo a "Apartamentos são vendidos", com o termo **apartamentos** na função de sujeito.

( ) III. o correto seria "Vende-se apartamentos", por se tratar de uma expressão popular bastante utilizada em jornais.

3. Observe as placas.

a) Considerando as regras de concordância nominal, explique se as placas obedecem às regras da gramática normativa.

_____

_____

_____

_____

b) Reescreva a segunda placa de tal forma que o adjetivo **proibida** fique no masculino. Faça as adaptações necessárias.

_____

4. Uma revista de circulação nacional fez uma matéria a respeito das inadequações mais frequentes cometidas em entrevistas de emprego. Veja um trecho a seguir.

> Agora, já **fazem cinco anos** que trabalho nesta área.
>
> **Faz cinco anos**: quando o verbo "fazer" indica tempo, ele é sempre impessoal — faz um ano, e faz cem anos.

Veja, 11 ago. 2010. (Fragmento).

a) A matéria exemplifica uma situação de concordância com verbo impessoal. Reescreva a frase "Faz cinco anos que trabalho nesta área", substituindo o verbo **fazer** por **haver**.

_____

b) Em "Fazem a tarefa os alunos", o verbo **fazer** é impessoal? Explique.

_____

5. Reescreva o trecho a seguir, substituindo as palavras destacadas pelas que estão entre parênteses. Faça as adaptações exigidas pela concordância.

Na neve, os caçadores

Curvados ao peso das roupas pesadas e do cansaço, escuros como troncos, três **caçadores** (caçadoras) avançam afundando na neve, a caminho de casa.

O primeiro traz uma fieira de **pássaros** (aves) atados à cintura. Uma lebre desponta do bornal do segundo. Mas é o terceiro que traz pendente do ombro a caça mais rica, raposa vermelha que lhe incendeia as costas como uma labareda e com sua **cauda** (rabo) morta traça um rastro no chão.

Outro rastro se desenha sobre a neve, de sangue. A **mão** (braço) do caçador está ferida, e goteja.

[...]

Marina Colasanti. *23 histórias de um viajante*.
São Paulo: Global, 2005. p. 104. (Fragmento adaptado para fins didáticos).

_____
_____
_____
_____
_____
_____
_____

6. Considere agora este outro trecho da mesma matéria citada no exercício 4.

Deixei meu emprego porque **houveram algumas dificuldades** na empresa em que eu trabalhava.

Houve dificuldades: "haver", no sentido de "existir", é impessoal e não admite flexão. Nunca, em hipótese alguma.

Inclusive, **o chefe reteu** meu último pagamento.

O chefe reteve: "reter" deve seguir a conjugação do verbo do qual é derivado, "ter".

Aliás, estudei na mesma faculdade **aonde o senhor deu aula**.

Onde o senhor deu aula: "aonde" (a + onde) só cabe depois de verbos que indicam movimento. Por exemplo, "fui aonde o senhor me mandou".

Segue anexo aqui, com meu currículo, **dois trabalhos** que fiz.

Seguem anexos, porque são **dois trabalhos**: cuidado com a concordância verbal (seguem dois) e também com a concordância nominal (trabalhos anexos).

Ela estava **meia ameaçada** de falência.

Meio ameaçada: os advérbios são invariáveis. Não têm, portanto, concordância de gênero.

Veja, 11 ago. 2010. (Fragmento).

a) O texto apresenta dois exemplos de problemas relacionados à concordância verbal e dois relacionados à concordância nominal. Identifique-os e transcreva-os.

_____

_____

_____

b) Reescreva a frase "Deixei meu emprego porque houveram dificuldades na empresa em que eu trabalhava", substituindo o verbo **haver** por **existir**.

_____

_____

7. O texto a seguir era parte de um anúncio publicado na revista *Manchete* em 1975. Leia o texto, observe os adjetivos destacados e responda às questões.

A roupinha mais gostosa e elegante que os adultos já inventaram para menininhos e menininhas **sapecas, comportados, inteligentes, quietinhos, corajosos, ranhetas, bocas sujas, chorões, presunçosos, relaxados, riquinhos, remediados**.

● Observe os adjetivos destacados neste trecho:

"[...] que os adultos já inventaram para menininhos e menininhas **sapecas, comportados, inteligentes, quietinhos, corajosos, ranhetas, bocas sujas, chorões, presunçosos, relaxados, riquinhos, remediados**".

a) A que substantivos eles se referem?

_____

b) Qual é o gênero desses substantivos? E o grau?

_____

c) Explique como se deu a concordância dos adjetivos com os substantivos.

_____

_____

2. COLOCAÇÃO PRONOMINAL

Os pronomes pessoais oblíquos átonos podem ocupar três posições na frase: antes do verbo (**próclise**), depois do verbo (**ênclise**) e no meio do verbo (**mesóclise**).

A **próclise** é usada quando há **palavras que exercem atração** sobre o pronome:

- palavras de sentido negativo (não, nunca, jamais, nem, nenhum): _**Nunca me** contaram a verdade, **não lhe** disse?_
- advérbios ou locuções adverbiais (ontem, hoje, agora, à noite): _**Ontem o** encontrei na casa de amigos._
- pronomes relativos (que, cujo, qual, quem): _Os alunos **que se** atrasaram farão outra prova._
- pronomes indefinidos (alguém, ninguém, tudo, pouco, muito): _**Alguém lhe** entregou flores vermelhas._
- pronomes demonstrativos (este, esta, isto, esse, essa, isso, aquele, aquela, aquilo): _**Isso nos** incomodou muito._
- conjunções subordinativas (quando, que, segundo, se, embora): _Quis saber seu nome **quando o** vi pela primeira vez._

A **ênclise** é usada:

- com o verbo no início da frase: _**Pediram-me** que eu ficasse._
- com o verbo precedido de pausa, em qualquer lugar da frase: _Assim que chegou, **sentou-se** na primeira fila._
- com o verbo no imperativo afirmativo: _Crianças, **vistam-se** depressa!_
- com o verbo no gerúndio ou no infinitivo pessoal não precedido de preposição: _Saiu, **esquecendo-se** da mochila._

A **mesóclise** é usada quando o verbo está no futuro do presente ou do pretérito, desde que não venha precedido de palavra atrativa: _**Pedir-nos-á** uma visita de cortesia. **Dir-te-ia** se o soubesse._

Observação: a mesóclise é evitada na linguagem oral do Brasil, quer o verbo venha ou não precedido de palavra atrativa. Nesse caso, prefere-se a próclise: _Ele **nos solicitará** uma visita. Eu **te diria** se o soubesse._

1. Reescreva as frases, substituindo os termos destacados por pronomes oblíquos.

a) O rapaz não deu **o presente** à namorada.

_____

b) O rapaz não deu um presente **à namorada.**

_____

c) Contaram tudo **a ti**?

_____

d) Vou mostrar os meus quadros **a ele**.

_____

e) Falarei **com você** amanhã.

_____

2. Leia o poema de Castro Alves.

Cansaço

O náufrago nadou por longas horas...
Na praia dorme frio num desmaio.
A força após a luta abandonou-o,
Do sol queimou-lhe a face ardente raio.

[...]

Sobre as asas velozes a andorinha
Maneira se lançou nos puros ares...
Veio após o tufão... lutou debalde,
Mas em breve boiou por sobre os mares.

[...]

E que durma... E que durma... ó virgem santa,
Que criou sempre pura a fantasia,
Só a ti é que eu quero que te sentes
Ao meu lado na última agonia.

Castro Alves. In: Eugênio Gomes (Org.).
Castro Alves: obra completa. Rio de Janeiro: Nova Aguilar, 1997. p. 397. (Fragmento).

ROBSON ARAUJO

Glossário

Maneira: grácil, leve.
Debalde: inutilmente, em vão.

a) Localize no texto os pronomes oblíquos e transcreva-os.

_____

_____

b) No verso "Maneira se lançou nos puros ares...", o pronome **se** poderia ser colocado em outra posição? Explique.

_____

_____

_____

c) Em relação à colocação pronominal no poema, julgue as afirmações e coloque verdadeiro (V) ou falso (F) nos parênteses.

(   ) **I.** Há duas ênclises e duas próclises no poema.

(   ) **II.** Em todas as ocorrências há inadequações quanto à colocação pronominal.

(   ) **III.** Na única ocorrência do pronome **se**, este deveria aparecer enclítico.

(   ) **IV.** Ao empregar os pronomes oblíquos, o poeta considerou o padrão coloquial da língua portuguesa.

(   ) **V.** A próclise em "que te sentes" (última estrofe) se deve à palavra atrativa: a conjunção integrante **que**.

(   ) **VI.** Não houve uso de mesóclise.

3. **Leia atentamente as duas tiras a seguir.**

Tira 1

HAGAR   Chris Browne

Tira 2

OS MALVADOS   André Dahmer

a) Em ambas as tiras há uma construção com o pronome oblíquo em desacordo com a gramática normativa. Transcreva os dois casos.

_____

b) A posição do pronome, nas ocorrências do item **a**, caracteriza um caso de:

( ) I. próclise

( ) II. ênclise

( ) III. mesóclise

c) O fato de essas construções procliticas não seguirem o que está previsto na gramática normativa se deve:

( ) I. ao grau de informalidade das frases.

( ) II. à posição do pronome oblíquo átono.

( ) III. à flexão de tempo adotada na frase.

d) Nessas ocorrências, a gramática normativa recomenda que o pronome esteja em posição:

( ) I. proclítica, porque não se deve iniciar um período com pronome oblíquo.

( ) II. , porque não se deve iniciar um período com pronome oblíquo.

( ) III. enclítica, já que o contexto é informal.

e) Se a última fala de Hagar (tira 1) estivesse no futuro do presente do indicativo, a forma verbal adequada, segundo a gramática normativa, seria:

( ) I. recusarei-me

( ) II. me recusarei

( ) III. recusar-me-ei

4. Leia este pensamento do poeta Mario Quintana.

— □ ×

Destino atroz

Um poeta sofre três vezes: primeiro quando ele os sente, depois quando ele os escreve e, por último, quando declamam os seus versos.

Disponível em: <http://www.releituras.com/mquintana_cadernoh.asp>.
Acesso em: 15 maio 2014. © by Elena Quintana.

a) De que o poeta está falando quando usa o pronome oblíquo **os**?

_____

b) Em que posição estão os pronomes oblíquos?

_____

c) Reescreva o trecho "quando declamam os seus versos", substituindo **os seus versos** por um pronome oblíquo.

_____

5. Marque **E** para ênclise, **M** para mesóclise e **P** para próclise.

(   ) **a)** Aborreceram-nos demais!

(   ) **b)** Isso nos deixou indignados.

(   ) **c)** Dar-lhe-ei um lindo presente.

(   ) **d)** Por que se formam as ilhas de calor?

(   ) **e)** Não nos mostraram nada.

(   ) **f)** Quem os vê entende o que é o amor.

(   ) **g)** Contaram-me coisas inacreditáveis.

(   ) **h)** Mostrar-te-ei meus livros preferidos.

ROBSON ARAUJO

6. Leia as frases a seguir e assinale aquelas em que a colocação do pronome oblíquo não é a recomendada pela gramática normativa, mas é bastante usual na variedade coloquial e informal do português brasileiro.

(   ) **a)** Me empresta a apostila?

(   ) **b)** Não te disse que ele viria?!

(   ) **c)** Te esperei ontem.

(   ) **d)** Me passa a salada, por favor?

(   ) **e)** Conte-me tudo sobre sua viagem!

(   ) **f)** Tentou erguer-se, mas não conseguiu.

• Na sua opinião, é natural falar ou escrever assim no português contemporâneo do Brasil? Explique.

_____

_____

7. Leia a tira.

CALVIN   BILL WATTERSON

AH, HAROLDO, EU ESQUECI DE COMPRAR UM PRESENTE PRA VOCÊ E NEM TE FIZ UM CARTÃO...

SINTO MUITO, HAROLDO, NÃO FIZ DE PROPÓSITO.

TUDO BEM, COMPANHEIRO! TAMBÉM NÃO TE COMPREI NADA.

MAS AQUI VAI UM ABRAÇÃO DE TIGRE, POR VOCÊ SER MEU MELHOR AMIGO.

NÃO TÃO FORTE! ESTÁ ESPREMENDO LÁGRIMAS PRA FORA.

FELIZ NATAL!

a) Transcreva da tira duas ocorrências de próclise.

_____

_____

b) Observe as construções transcritas e explique o motivo pelo qual o pronome está em posição proclítica.

_____

8. Leia a tira e observe a posição dos pronomes.

HAGAR   CHRIS BROWNE

SE LEMBRA DE COMO VOCÊ PROMETEU QUE SE EU ME CASASSE COM VOCÊ TERIA UMA VIDA DE CONTOS DE FADAS?

SIM.

ATÉ AGORA SÓ TENHO VIVIDO UM CONTO DE TERROR!

a) Na fala de Helga, no primeiro quadrinho, há duas ocorrências de **se**. Trata-se de pronome oblíquo nos dois casos? Explique.

_____

b) Nessa mesma fala, em que posição está o pronome oblíquo **me**?

_____

c) Por que a oposição entre **contos de fadas** e **conto de terror** é importante nessa tira?

_____

_____

_____

9. Reescreva as frases, colocando os pronomes oblíquos dos parênteses na posição prevista pelas regras da gramática normativa.

a) Quando viu, veio correndo de braços abertos. (nos)

_____

b) Dirão o que fazer? (nos)

_____

c) Eu estou mostrando como fazer. (lhe)

_____

d) Não falaram nada a respeito desse assunto. (me)

_____

e) Diriam a verdade se pudessem? (vos)

_____

f) Apresento meus grandes amigos. (lhes)

_____

10. O trecho a seguir é parte de uma notícia esportiva do jornal português *Público*. Leia-o com bastante atenção.

O Real Madrid funcionou bem sem Ronaldo

Zidane poupou o português e triunfou em Las Palmas com golos de Bale e Benzema.

Já sem grandes perspectivas na liga espanhola, o Real Madrid pode dar-se ao luxo de fazer alguma gestão de recursos humanos e foi o que fez neste sábado Zinedine Zidane em Las Palmas. O francês deu descanso a Cristiano Ronaldo, Toni Kroos e Marcelo, mas contou com Gareth Bale e Karim Benzema para um triunfo por 3-0 em jogo da 30ª jornada da liga espanhola.

A pensar no confronto com a Juventus na próxima terça-feira em Turim para a Liga dos Campeões, este Real mais alternativo deu-se bem.

[...]

Disponível em: <https://www.publico.pt/2018/03/31/desporto/noticia/o-real-madrid-funcionou-bem-sem-ronaldo-1808690>. Acesso em: 27 nov. 2018. (Fragmento).

a) Localize no texto uma colocação pronominal que difere da que usamos no Brasil e reescreva-a de acordo com os padrões brasileiros.

_____

_____

b) O que foi feito para adequá-la ao emprego que se costuma adotar para os pronomes oblíquos no Brasil?

_____

11. A seguinte anedota, que circula pela internet, faz uma interessante reflexão sobre o estudo da gramática. Leia-a com atenção.

Pai e professor

Filho tira dúvida com o pai:

— Pai, o certo é "o carro atolou-se" ou "o carro se atolou"?

— Bem, filho, se atolarem as rodas traseiras, o certo é "o carro se atolou"; agora, se forem as rodas dianteiras, escrevemos "o carro atolou-se".

— Mas... e se atolarem as quatro rodas, pai?

— Ah, aí escrevemos "o carro se atolou-se".

ROBSON ARAUJO

• Como foi construído o humor da anedota?

_____

_____

_____

O termo que complementa o sentido de um nome, indicando o alvo ou objeto da ação expressa por ele, chama-se **complemento nominal**. Pode ser representado por substantivo, adjetivo, advérbio, pronome, numeral, palavra substantivada ou oração. Liga-se ao nome por meio de preposição e pode integrar o sujeito, predicativo, objeto direto ou indireto, agente da passiva e adjunto adverbial, entre outras funções sintáticas.

Aposto é o termo da oração que explica, identifica, esclarece ou resume aquele que o antecede. Vem sempre associado a substantivo ou palavra de valor substantivo, não importando a função que este exerça na oração: sujeito, predicativo, adjunto adnominal ou complemento nominal.

É normalmente isolado por vírgulas, mas também pode ser separado do termo que esclarece por travessões, parênteses ou dois-pontos. Pode ser também uma oração inteira. Os apostos podem ser de três tipos: **explicativos** (explicam ou esclarecem o termo antecedente), **resumidores** (resumem as enumerações que os antecedem) e **especificativos** (especificam, individualizam os antecedentes). Neste último tipo de aposto, não há sinal de pontuação para isolá-lo do termo a que se relaciona.

Vocativo é o termo que não se liga a nenhum outro na oração e expressa um chamado, indicando a pessoa ou o ser com quem se está falando. Pode referir-se a um ou mais seres e sempre vem isolado por vírgulas, seguido ou não de ponto de exclamação, e não ocupa um lugar fixo nas orações. O núcleo dos vocativos é sempre um substantivo ou uma palavra substantivada.

1. Leia a seguir o trecho inicial de uma cartilha sobre alimentação saudável.

Alimentação saudável

Para ter uma alimentação saudável, não basta conhecer os nutrientes e o valor nutritivo dos alimentos. É necessário saber a melhor maneira de escolher, preparar, conservar e rotular todos os alimentos que vão ser consumidos. Os cuidados com a higiene pessoal, do ambiente e dos próprios alimentos também são essenciais. Todas essas informações são muito importantes para a nossa saúde e precisam ser usadas no nosso dia a dia.

Disponível em: <http://bvsms.saude.gov.br/bvs/publicacoes/cuidado_alimentos.pdf>.
Acesso em: 3 dez. 2018.

a) Dê os substantivos derivados dos verbos **escolher**, **preparar** e **conservar**, extraídos do texto.

b) Escreva uma frase com cada um dos substantivos que você apresentou na sua resposta à questão anterior.

_____

_____

_____

_____

c) Transcreva o termo que completa o sentido dos substantivos nas frases que você criou. Que nome recebe esse termo?

_____

_____

• Há outros termos com essa mesma função no texto? Identifique-o(s).

_____

_____

2. Leia atentamente um trecho da apresentação do personagem Merlim, extraído de *Contos e lendas dos Cavaleiros da Távola Redonda.*

O nascimento de Artur

Muito tempo atrás, vivia no reino da Bretanha um homem estranho de nome Merlim. Era chamado de "o Feiticeiro" porque possuía mil poderes, cada qual mais extraordinário do que o outro. Sabia o passado, previa o futuro, era capaz de assumir qualquer aparência [...]. Em poucas palavras, Merlim, o Feiticeiro, era um mago [...].

Jacqueline Mirande. *Contos e lendas dos Cavaleiros da Távola Redonda.* São Paulo: Companhia das Letras, 2011. p. 7. (Fragmento).

ROBSON ARAUJO

a) Qual é a expressão que identifica Merlim? _____

b) Que função sintática ela exerce? _____

c) Leia as frases seguintes, observe a função sintática dos termos destacados e assinale **V** para vocativo e **A** para aposto. Se não for nenhum dos dois casos, deixe os parênteses em branco.

( )   I. **O feiticeiro** Merlim encontrou-se com Artur na floresta.

( ) II. Merlim, **o mago**, fazia também muitas trapaças.

( ) III. Merlim era **o feiticeiro** mais famoso da Idade Média.

( ) IV. — Não! Não, **Merlim**, você jamais me encontrará! — disse o cavaleiro.

d) Na frase "era capaz **de assumir qualquer aparência**", que função sintática exerce o trecho destacado? Por quê?

_____

3. Reescreva as frases a seguir, usando complementos nominais do quadro para completar o significado das palavras destacadas (substantivos, adjetivos, advérbios).

ao do meu avô	em nossos amigos	para o trabalho
às leis	na vitória	ao réu

a) Devemos ter confiança.

_____

b) Esse carro é semelhante.

_____

c) Todas as pessoas estavam confiantes.

_____

d) Todos os rapazes estão aptos.

_____

e) Os cidadãos devem obediência.

_____

f) A audiência correu favoravelmente.

_____

4. Transcreva o(s) aposto(s) presente(s) em cada um dos fragmentos a seguir.

a)

> Castelo, o dono da câmara, comandou a pose, depois tirou o olho do visor e ofereceu a câmara a quem ia tirar a fotografia. [...]
>
> Luis Fernando Verissimo.
> A foto. In: *Comédias para se ler na escola*. Rio de Janeiro:
> Objetiva, 2001. p. 37. (Fragmento). © by Luis Fernando Verissimo.

_____

b)

> Conhecia muito bem a viúva do Santos, Dona Crisália, fizera bons piqueniques com o casal na Ilha do Governador. [...]
>
> Carlos Drummond de Andrade.
> O outro marido. In: *Elenco de cronistas modernos*. Rio de Janeiro:
> José Olympio, 1974. p. 132. (Fragmento). Carlos Drummond de Andrade
> © Graña Drummond – www.carlosdrummond.com.br

_____

c)

> Me lembrei de uma porção de coisas, inclusive de Violinha, uma nossa cachorrinha amarela, que uma manhã amanheceu morta na escadinha da entrada.
>
> [...]

Manuel Bandeira.
O fantasma. In: *Elenco de cronistas modernos*.
Rio de Janeiro: José Olympio, 1974. p. 235. (Fragmento).

d)

> O diretor e coreógrafo Osvaldo Rosa apresenta em Salvador o seu mais recente espetáculo, *Encruzilhada*. A produção, que já foi montada na França com bailarinos de lá, ganha agora produção local com artistas baianos. [...]

Disponível em: <http://www.tca.ba.gov.br/04/02scoro/abril.htm>.
Acesso em: 22 mar. 2007. (Fragmento).

5. Leia a tira.

HAGAR CHRIS BROWNE

a) O humor da tira está na inesperada atitude de Eddie Sortudo, que não levantou a mão para fazer o juramento. Por que essa atitude é inesperada?

b) Qual é a função sintática da palavra **vitória** em cada uma das ocorrências na tira? Justifique.

( ) I. No primeiro quadrinho, **vitória** é aposto. No segundo, complemento nominal.

( ) II. A palavra **vitória** é complemento nominal nas duas ocorrências.

( ) III. No primeiro quadrinho, **vitória** é complemento nominal. No segundo, aposto.

6. Observe o jogo de palavras empregado nesta tira.

DILBERT   Scott Adams

a) O termo **horroroso** é empregado por Dilbert (o homem) como adjunto adnominal de **boato**, mas é usado por Dogbert (o cachorro) como predicativo do sujeito. Explique por que essa diferença determina o humor da tira.

_____

_____

_____

_____

b) Leia novamente o primeiro quadrinho da tira e transcreva um complemento nominal.

_____

c) Podemos afirmar que o termo destacado é complemento nominal em:
(   )   I. "[...] o boato é **horroroso**".
(   )   II. "[...] há um boato **de que você é horroroso**".

7. O humor da tira a seguir é construído a partir de uma referência a uma cena típica de filmes românticos em que duas personagens apaixonadas aparecem correndo uma em direção à outra em câmera lenta. Leia.

NÍQUEL NÁUSEA   Fernando Gonsales

a) As falas das duas lesmas têm uma só classificação sintática. Qual?

_____

b) O humor da tira é completado quando o rato afirma que o encontro ocorreu em câmera lenta. Por quê?

_____

_____

_____

8. Transforme em substantivos os verbos transitivos destacados nas frases a seguir. Observe o exemplo.

> Descrever o livro. ⟶ *A descrição do livro.*

a) Proteger o filho caçula. ⟶ _____

b) Investigar a denúncia. ⟶ _____

c) Participar do encontro. ⟶ _____

d) Rever as tarefas. ⟶ _____

e) Distribuir presentes. ⟶ _____

9. Leia o poema abaixo.

Dois vocativos

A maravilha dá de três cores:

branca, lilás e amarela,

seu outro nome é bonina.

Eu sou de três jeitos:

alegre, triste e mofina,

mas meu outro nome eu não sei.

Ó mistério profundo!

Ó amor!

Adélia Prado. *O coração disparado*. Rio de Janeiro: Record, 2006. p. 19.

🔍 Glossário

Maravilha: nome de flor; o mesmo que bonina.

Bonina: margarida, calêndula.

Mofina: infeliz.

a) Identifique os apostos presentes no poema e os termos a que eles se referem.

_____

_____

b) Transcreva os "dois vocativos" do poema.

_____

10. Leia este poema de Mario Quintana:

Veneração

Ah, esses livros que nos vêm às mãos, na Biblioteca Pública e que nos enchem os dedos de poeira. Não reclames, não. A poeira das bibliotecas é a verdadeira poeira dos séculos.

Disponível em: <http://hemeroteca.ciasc.sc.gov.br/jornais/espacocultural/ESP2006001.pdf>. Acesso em: 14 dez. 2018.

• Observe que o poeta se dirige ao leitor, mas não usa nenhum vocativo para isso. Reescreva o texto acrescentando vocativos adequados.

_____

_____

11. Acrescente um aposto a cada uma das orações a seguir.

a) Não conhecia Madri.

_____

b) Luís de Camões era português.

_____

c) Pintei tudo de amarelo.

_____

12. Qual é a oração em que o termo destacado não é aposto? Justifique sua resposta.

( )   I. *Contente*, Marina logo cumprimentou a todos.

( )   II. *A menina contente*, Marina, logo cumprimentou a todos.

_____

_____

_____

13. Leia, a seguir, um parágrafo extraído de *Odisseia*, épico da Grécia antiga cuja autoria é atribuída ao poeta Homero. O trecho se refere ao momento em que as sereias tentam seduzir o herói Ulisses.

[...]

— Venha por aqui, grandioso Ulisses, glória dos aqueus! Pare seu barco para ouvir nossas vozes. Ninguém passa por aqui sem ouvir os cantos de mel de nossos lábios. É um prazer ao qual todos cedem com agrado e razão, pois tudo o que acontece no mundo nós sabemos!

[...]

Jean Martin. *Contos e lendas da Odisseia*. São Paulo: Martins Fontes, 2006. p. 84. (Fragmento).

ROBSON ARAUJO

a) Transcreva o vocativo usado pelas sereias para falar com Ulisses.

_____

b) A expressão "glória dos aqueus" refere-se ao herói grego. Qual é a função sintática exercida por ela?

_____

14. Leia este outro trecho, extraído do mesmo livro. Nele, a princesa Nausícaa despede-se do herói.

> [...]
>
> — Adeus, estrangeiro, quando voltar à sua pátria, lembre-se de mim, pois é principalmente a mim que você deve a sua vida.
>
> O sutil Ulisses respondeu:
>
> — Queira Zeus, esplêndido esposo de Hera, que eu viva o dia do retorno à minha casa. Chegando lá, nunca deixarei de fazer preces por você, jovem, que me deu a vida.
>
> [...]
>
> Jean Martin. *Contos e lendas da Odisseia*. São Paulo: Martins Fontes, 2006. p. 53. (Fragmento).

> **🔍 Glossário**
>
> **Zeus:** o deus dos deuses na mitologia grega.
>
> **Hera:** a deusa dos deuses, rainha do Olimpo.

a) Transcreva do trecho os vocativos.

_____

b) Transcreva o aposto da fala de Ulisses e dê seu referente.

_____

c) Reescreva a fala de Ulisses de forma que ele se dirija a Zeus e não a Nausícaa.

_____

_____

_____

15. Leia esta frase: "A melhor violinista da orquestra, Marina, mudou-se para outra cidade".

a) Da forma como foi redigida, a frase permite mais de uma possibilidade de leitura. Explique.

_____

_____

b) Para eliminar o problema, reescreva a frase de duas maneiras: uma em que o termo *Marina* seja necessariamente aposto e outra em que seja só vocativo.

_____

_____

As **orações coordenadas** são ligadas umas às outras no período composto por coordenação e apresentam independência sintática. São **sindéticas** quando iniciadas por conjunções coordenativas, e **assindéticas** quando não há presença dessas conjunções.

Conforme a relação que expressam, as orações coordenadas sindéticas classificam-se em:

- **aditivas** (ideia de soma, adição): *e, nem, não só... mas também.*
  Pesquisou os preços e comprou uma bicicleta.
- **adversativas** (ideia de contraste, oposição): *mas, porém, contudo, todavia.*
  Pedalou bastante nos primeiros dias, mas abandonou a magrela em um canto.
- **alternativas** (ideia de alternância ou exclusão): *ou, ou... ou, ora... ora.*
  Ou a utilizava novamente, ou se desfazia dela.
- **conclusivas** (ideia de conclusão): *logo, pois* – depois do verbo –, *portanto, por isso.*
  Ele não chegou a uma decisão; logo, o problema persistiu.
- **explicativas** (ideia de explicação): *pois* (antes do verbo), *que, porque, porquanto.*
  Finalmente doou o veículo, pois alguém faria melhor uso que ele.

As **orações subordinadas** são aquelas que, em um período composto, fazem o papel de complemento sintático de uma oração de sentido incompleta, chamada de **oração principal**.

As **orações subordinadas substantivas** exercem as funções sintáticas próprias do substantivo: sujeito (**OSS subjetiva**), objeto direto (**OSS objetiva direta**), objeto indireto (**OSS objetiva indireta**), complemento nominal (**OSS completiva nominal**), aposto (**OSS apositiva**), predicativo (**OSS predicativa**) e agente da passiva (**OSS agente da passiva**).

São em geral introduzidas pelas conjunções integrantes **que** e **se**, mas em alguns casos esse papel pode caber a um advérbio ou pronome interrogativo. Quando não são introduzidas por conjunção integrante e têm verbo no infinitivo, classificam-se como **substantivas reduzidas de infinitivo**. Quando apresentam conjunção integrante, são chamadas **substantivas desenvolvidas**.

1. Diferencie as orações destacadas a seguir, marcando **C** para as coordenadas e **S** para as subordinadas.

(   ) **a)** Cuide bem do seu animal e **ele terá uma vida longa**.

(   ) **b)** Você concorda **que a companhia de uma sucuri é algo inusitado**?

(   ) **c)** O vendedor recomendou **que só fosse utilizada ração fresca**.

(   ) **d)** Minha mãe deu uma ótima sugestão: **que eu adotasse um animal**.

(   ) **e)** **Não perdi nenhuma data,** mantive a vacinação em dia.

(   ) **f)** **Anotei o número da veterinária,** pois pode ser necessário em uma emergência.

(   ) **g)** Aquela raça de cães, **acredite em mim,** é a que demanda mais cuidados.

(   ) **h)** Minha esperança era **que o amigo recém-chegado se adaptasse bem à nova casa**.

(   ) **i)** Por razões que ainda não são totalmente esclarecidas, **no Egito antigo mumificavam-se cães, gatos e até cavalos**.

2. Entre os períodos a seguir, assinale o único formado apenas por orações coordenadas assindéticas.

( ) **a)** Penso, logo existo.

( ) **b)** Vim, vi, venci.

( ) **c)** Ou calça a luva ou põe o anel.

( ) **d)** Não tem cão, mas caça com gato.

( ) **e)** Ela cuida, porque ama.

3. Classifique as frases abaixo identificando cada uma delas na tabela a seguir.

I. Faríamos uma partida hoje à noite, mas ela foi cancelada.

II. No início do torneio o treinador enfatizou que seria importante a dedicação de todos.

III. A falta de empenho não só comprometeria o jogo, mas também afetaria nossa campanha em todo o campeonato.

IV. Após sucessivas faltas, o juiz fez um apelo: que os adversários fossem mais leais uns com os outros.

V. Reservamos a quadra, providenciamos uniforme, mas faltou o essencial: que alguém trouxesse a bola.

VI. Nossa levantadora foi a maior pontuadora da competição.

Tipo de período	Frases
Período simples	
Período composto por coordenação	
Período composto por subordinação	
Período composto por coordenação e subordinação	

4. Transforme estes períodos simples em períodos compostos. Observe o modelo.

> *Preciso de sua ajuda nesse momento.*
> *Preciso* **que você me ajude nesse momento**.

a) Todos desejam o seu retorno rapidamente.

b) É importante sua presença na festa.

c) Temos receio de sua volta.

• As orações que você escreveu são principais ou subordinadas? Justifique.

5. Leia a tira e complete corretamente as afirmações, escolhendo uma das opções indicadas entre parênteses.

NÍQUEL NÁUSEA   FERNANDO GONSALES

Na primeira frase da tirinha há um período composto por _____

(coordenação / subordinação), constituído por uma oração _____

(principal / subordinada) seguida de uma oração _____ (principal / subordinada). A subordinada classifica-se como substantiva objetiva

_____ (direta / indireta), pois exerce a função sintática de objeto

_____ (direto / indireto).

A segunda frase desse quadrinho _____ (é / não é) uma oração,

pois nela _____ (há / não há) _____ (substantivo / verbo).

6. Leia o texto.

Visitante noturno

[...] O homem, que tem o hábito de ficar altas horas entre papéis e livros, sentiu-lhe a presença e pensou imediatamente em esmagar o intruso. Chegou a mover a mão. Não o mataria com os dedos, mas com outra folha de papel.

Deteve-se. Não seria humano liquidar aquele bichinho só porque estava em lugar indevido, sem fazer mal nenhum. Inseto nocivo? Talvez. Mas sua ignorância em entomologia não lhe dava chance de decidir entre a segurança e a injustiça. E na dúvida, era melhor deixar viver aquilo, que nem nome tinha para ele. Com que direito aplicaria pena de morte a um desconhecido infinitamente desprovido de meios sequer para reagir, quanto mais para explicar-se?

[...]

Carlos Drummond de Andrade. Visitante noturno.
In: *Boca de luar*. Rio de Janeiro: Record, 1984. p. 9 (Fragmento adaptado).

🔍 **Glossário**

Entomologia: parte da zoologia que trata dos insetos; insetologia.

a) Que sentimento impede o homem de liquidar o intruso que invade o seu espaço?

(   )   I. nojo

(   )   II. medo

(   ) III. dúvida

b) No final do texto, o homem refere-se ao inseto empregando uma palavra relacionada ao que ele estava sentindo. Que palavra é essa?

_____

c) Essa palavra, mencionada no item anterior, é retomada na forma de uma oração subordinada substantiva apositiva. Transcreva essa oração.

_____

d) Por que há uma vírgula separando a palavra e a oração subordinada apositiva?

_____

_____

7. Reescreva as orações a seguir de modo que se tenha um período composto formado por oração principal + oração subordinada substantiva. Entre parênteses está identificado o tipo de oração subordinada substantiva que deve ser criada. Veja o exemplo:

> Será importante o comparecimento de seus pais à reunião desta semana. (subjetiva)
> **Será importante que seus pais compareçam à reunião desta semana.**

a) Nem o torcedor mais otimista esperava a classificação do time. (objetiva direta)

_____

b) A turma insiste na instalação de novos bebedouros no pátio. (objetiva indireta)

_____

c) O público tinha esperança de uma rápida solução do problema dos ingressos. (completiva nominal)

_____

d) O maior desejo do professor é a aprovação de todos os alunos. (predicativa)

_____

e) Durante a turbulência, a preocupação dos passageiros era apenas uma: o bom término de tudo. (apositiva)

_____

8. Associe as duas colunas, classificando a segunda coluna em relação à função sintática que a oração destacada exerce.

(a) Sujeito.　　　　　　　　( ) Os candidatos derrotados não esperavam **que a disputa seria tão acirrada.**

(b) Objeto direto.　　　　　( ) O espião está ciente **de que a missão será arriscada?**

(c) Objeto indireto.　　　　( ) A ordem do comandante foi **que todos resistissem bravamente.**

(d) Complemento nominal.　( ) Parece **que não há áreas verdes nessa cidade.**

(e) Predicativo.　　　　　　( ) Em pleno verão a jornalista deu a surpreendente notícia: **que poderia nevar à tarde.**

(f) Aposto.　　　　　　　　( ) Todos gostamos **de que nos tratem com respeito e cordialidade.**

As palavras que substituem um termo antecedente ou estabelecem relação entre duas frases são chamadas **pronomes relativos**. Podem ser invariáveis (*que*, *quem*, *onde*, *aonde*) ou variáveis (*o qual*, *a qual*, *os quais*, *as quais*; *cujo*, *cuja*, *cujos*, *cujas*; *quanto*, *quanta*, *quantos*, *quantas*).

Para se referir a pessoas, objetos e animais, empregam-se *que* ou *o qual* e suas flexões. Para estabelecer indicação de lugar e relacionar duas orações, emprega-se *onde*, normalmente substituído por *em que*. *Aonde* é usado apenas quando o verbo exige a preposição *a*. Para estabelecer relação de posse entre dois termos, emprega-se *cujo*.

1. Leia o texto a seguir e observe as palavras destacadas.

Pesquisadores brasileiros criam remédios a partir de toxinas de animais brasileiros

Você sabia **que** o principal remédio usado para combater a hipertensão foi desenvolvido a partir de estudos com o veneno de uma serpente da Mata Atlântica? É verdade! Em 1948, cientistas brasileiros descobriram uma substância no veneno da jararaca (*Bothrops jararaca*) **que** diminui a pressão sanguínea.

Com um pouco mais de pesquisa foi possível reproduzir esse ingrediente em laboratório e fabricar medicamentos **que** melhoram a vida de muita gente. [...]

Pesquisas com venenos de serpentes têm sido importantes para desenvolver remédios que ajudam a salvar vidas no mundo todo.

Disponível em: <http://chc.org.br/artigo/para-curar-doencas-veneno/>.
Acesso em: 1º dez. 2018.

- Em quais das três ocorrências o **que** é pronome relativo? Transcreva também o termo a que ele se refere em cada caso.

_____

2. Empregue pronomes relativos acompanhados ou não de preposição conforme o caso.

a) O mundo _____ vivemos tem se transformado muito rapidamente.

b) A pessoa _____ o professor se referiu é meu parente.

c) Os assuntos _____ se lembravam eram muitos.

d) Aquele é o cachorrinho _____ todos nós amamos.

e) O espetáculo_____ fomos assistir foi recomendado por muita gente.

f) Os alunos _____ notas não foram divulgadas terão de fazer uma prova de recuperação.

g) Os problemas _____ se lembraram eram muito grandes.

h) Ele não é uma pessoa _____ podemos confiar.

i) Fez o anúncio _____ todos esperavam.

j) As pessoas _____ retratos estão expostos aqui foram professores importantes.

k) O bairro _____ moro é bem agradável.

3. **Reescreva as frases corrigindo, quando necessário, o emprego dos pronomes relativos.**

a) É um político cujo não se pode confiar.

_____

b) Essa é uma situação onde nem todos são iguais perante a lei.

_____

c) Aquele é o livro cujo o autor me referi.

_____

d) Ali estão as meninas a qual encontrei no *shopping*.

_____

e) Conheci uma pessoa que a gente pode contar com ela.

_____

4. **Una os períodos simples com pronomes relativos.**

a) O ator foi escolhido para o papel. O ator é ótimo.

_____

b) Durante a tarde houve uma reunião. Na reunião, muitos ficaram calados.

_____

ROBSON ARAUJO

c) A história desse livro é emocionante. Gosto desse livro.

_____

d) Aquela é a professora de Português. Falei da professora com você.

_____

e) Resolvi um problema sério. O problema foi criado por mim.

_____

5. Leia o poema e responda às questões.

Quadrilha

João amava Teresa que amava Raimundo
que amava Maria que amava Joaquim que amava Lili
que não amava ninguém.

João foi para os Estados Unidos, Teresa para o convento,
Raimundo morreu de desastre, Maria ficou para tia,
Joaquim suicidou-se e Lili casou com J. Pinto Fernandes,
que não tinha entrado na história.

Carlos Drummond de Andrade.
Reunião. Rio de Janeiro: Nova Aguilar, 2002. p. 26.
Carlos Drummond de Andrade © Graña Drummond – www.carlosdrummond.com.br.

a) Reescreva os versos da primeira estrofe, substituindo o pronome **que** pelos nomes aos quais ele se refere. Se necessário, mude a pontuação.

_____

_____

_____

_____

b) Compare o seu texto com o do poeta, leia as afirmações a seguir e assinale a resposta correta.

I. O pronome **que** funciona como um elo entre os amantes porque retoma a personagem anterior e a relaciona à seguinte, tornando os amantes elos da corrente que os liga.

II. O uso do pronome relativo garante ritmo e concisão aos versos.

III. A ideia da dança que dá título ao poema também é expressa pelo uso do pronome relativo, pois este confere dinamismo ao texto.

( ) Apenas a alternativa I está correta.

( ) Apenas as alternativas II e III estão corretas.

( ) Apenas as alternativas I e III estão corretas.

( ) Todas as alternativas estão corretas.

6. Escolha a opção na qual o uso do pronome relativo permite reunir adequadamente os dois períodos abaixo.

Os artistas já deixaram o palco. Simpatizamos com os artistas.

( ) **a)** Os artistas que simpatizamos já deixaram o palco.

( ) **b)** Os artistas com os quais simpatizamos já deixaram o palco.

( ) **c)** Os artistas que já deixaram o palco simpatizamos com eles.

( ) **d)** Os artistas de quem simpatizamos já deixaram o palco.

7. Indique em qual destas frases o pronome em destaque é relativo. Depois, justifique sua resposta.

( ) **a)** Desconheço **quem** é o dono desse cachorro.

( ) **b)** Ela era uma amiga em **quem** eu confiava.

_____

_____

_____

6. ORAÇÕES SUBORDINADAS ADJETIVAS

Exercem, em relação à oração principal, as funções normalmente desempenhadas por um **adjetivo**.

As **orações subordinadas adjetivas** classificam-se em:

- **restritiva**: quando apresenta uma característica essencial que permita identificar o termo ao qual ela se refere. Esse tipo de oração adjetiva não é separado por vírgulas: _A garota **que eu amo** foi estudar em outra escola._
- **explicativa**: quando apresenta uma característica secundária do termo ao qual ela se refere, que não é essencial para identificá-lo e apenas o explica ou desenvolve. Esse tipo de oração adjetiva vem sempre separado por vírgulas: _A China, **que é o país mais populoso do mundo**, sediou as Olimpíadas de 2008._

As orações subordinadas adjetivas são introduzidas por pronomes relativos e também pelo advérbio _como_ com sentido de "por que, pelo(a) qual". Quando não são introduzidas por conjunção e apresentam verbo em uma das formas nominais, são chamadas **orações adjetivas reduzidas**.

▶ **Leia o texto atentamente para responder às questões 1 a 5.**

Onde estará a modelo _que inspirou a Monalisa?_

Cientistas querem usar o DNA para encontrar restos mortais da mulher que teria posado para Leonardo da Vinci

O mistério que rodeia o corpo de Lisa Gherardini, a modelo imortalizada por Leonardo da Vinci como Monalisa, pode ser resolvido 600 anos após sua morte. Isso porque antropólogos e legistas pretendem fazer uma análise de DNA em restos ósseos que seriam desta nobre que viveu em Florença.

"Uma equipe de especialistas trabalha no DNA de uma mulher que poderia ser Lisa Gherardini", explicou Silvano Vinceti, presidente do Comitê Italiano para Avaliação de Bens Históricos, Culturais e Ambientais.

O paradeiro do corpo de Lisa Gherardini di Giocondo é um dos segredos mais bem guardados da história da arte, já que nem historiadores nem antropólogos legistas conseguiram esclarecer onde se encontra a musa de Da Vinci, morta, segundo documentos da época, em 1542. Sabe-se que foi enterrada no convento de Santa Úrsula, em Florença, pois há documentos escritos pelo pároco da igreja que confirmam o sepultamento.

"Isto é certo, Lisa Gherardini foi enterrada ali, mas em meados do século XVI a igreja sofreu uma remodelação", lembrou Vinceti, que explicou que foi então que se perdeu sua pista.

[...]

Disponível em: <http://revistagalileu.globo.com/Cultura/Arte/noticia/2014/05/onde-estara-modelo-que-inspirou-monalisa.html>. Acesso em: 5 dez. 2018. (Fragmento).

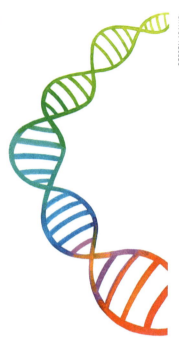

1. Observe que as orações destacadas no texto são introduzidas pelo pronome relativo **que**. Informe o termo retomado por esse pronome em cada uma dessas orações.

a) "que inspirou a Monalisa": _____

b) "que teria posado para Leonardo da Vinci": _____

c) "que rodeia o corpo de Lisa Gherardini": _____

d) "que seriam desta nobre que viveu em Florença": _____

e) "que viveu em Florença": _____

f) "que poderia ser Lisa Gherardini": _____

g) "que confirmam o sepultamento": _____

2. A que classe de palavras pertencem esses termos retomados pelo pronome relativo?

_____

3. Considerando sua resposta à questão anterior, qual é a relação entre as orações destacadas e as palavras retomadas pelo pronome relativo?

_____

4. Classifique as orações transcritas na questão 1.

_____

5. Releia.

> "[...] a modelo imortalizada por Leonardo da Vinci como Monalisa [...]"
>
> "[...] há documentos escritos pelo pároco da igreja [...]"

a) Qual é a função dos termos destacados nas frases?

_____

_____

b) Transforme esses termos em orações subordinadas e classifique-as.

_____

_____

_____

6. Na tira a seguir, Snoopy recebe uma carta. Leia.

MINDUIM   CHARLES SCHULZ

a) No primeiro quadrinho, o pronome **que** é um pronome relativo. A que termo ele se refere?

_____

b) A oração introduzida por esse pronome é restritiva ou explicativa? Por quê?

_____

_____

_____

c) O humor da tira tem como base o contraste entre a má notícia dada pela namorada e a maneira gentil com que ela trata o cachorro. Identifique no texto os elementos que marcam essa gentileza.

_____

_____

7. Leia o folheto abaixo.

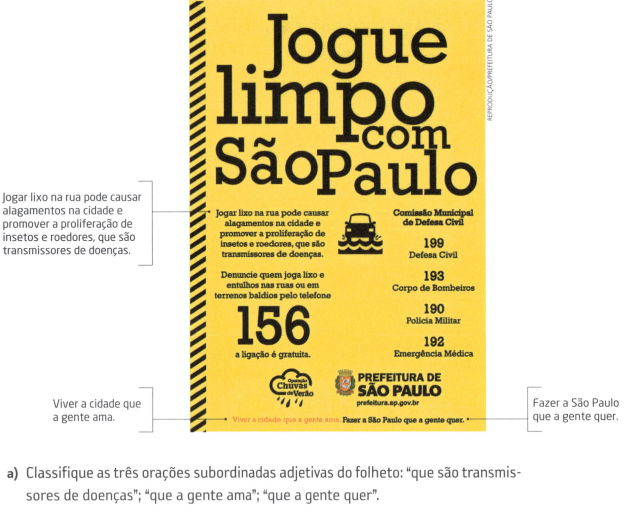

Jogar lixo na rua pode causar alagamentos na cidade e promover a proliferação de insetos e roedores, que são transmissores de doenças.

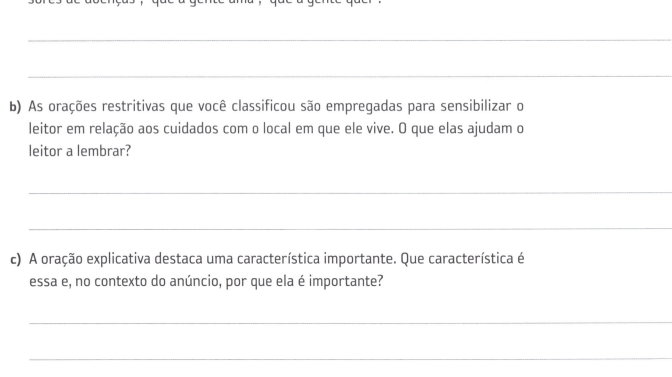

Viver a cidade que a gente ama.

Fazer a São Paulo que a gente quer.

a) Classifique as três orações subordinadas adjetivas do folheto: "que são transmissores de doenças"; "que a gente ama"; "que a gente quer".

_____

_____

b) As orações restritivas que você classificou são empregadas para sensibilizar o leitor em relação aos cuidados com o local em que ele vive. O que elas ajudam o leitor a lembrar?

_____

_____

c) A oração explicativa destaca uma característica importante. Que característica é essa e, no contexto do anúncio, por que ela é importante?

_____

_____

_____

d) A expressão **jogar limpo**, em geral, é empregada com o significado de "agir honestamente". No anúncio, porém, que outro significado pode ser atribuído a ela?

_____

_____

_____

_____

e) Por que essa expressão teria sido escolhida para o anúncio?

_____

_____

_____

8. No texto abaixo há várias orações subordinadas adjetivas. Leia-o com atenção e sublinhe com um traço as explicativas e com dois as restritivas.

As cores do Rio

Nosso Rio de Janeiro faz a alegria de cronistas, músicos e poetas, que o cantam de todas as formas. Mas gosto de vê-lo também transformado em cores, que igualmente alegram as paletas dos pintores.

Ah, as cores do Rio! Dizem que não há cores mais belas em nenhuma cidade do mundo. Turistas estrangeiros, ou brasileiros que descobrem o Brasil, ficam boquiabertos diante desta verdadeira paleta usada pelo Criador para pintar a Cidade Maravilhosa.

O cinza-azulado do Corcovado é referência de beleza, contrastando com o céu de azul inigualável, que vai cobrindo tudo até se limitar pelo verde — ou pelos muitos verdes diferentes — da floresta que resiste e ainda se debruça sobre grande parte da cidade.

[...]

J. Carino. Disponível em: <http://releituras.com/i_jbarcelos_jcarino.asp>.
Acesso em: 23 jul. 2014. (Fragmento).

9. Reescreva as frases, substituindo as orações subordinadas adjetivas por adjetivos ou expressões adjetivas.

a) O aluno que estuda bastante consegue boas notas.

_____

b) A atriz que é formada em Artes Cênicas ficou com o papel.

_____

_____

c) Meu tio, que era conhecido por sua generosidade, ajudou a vítima do acidente.

_____

d) Aquele cachorro que venceu muitos campeonatos participará de uma nova competição.

_____

10. Reescreva as frases, transformando o termo destacado em oração adjetiva.

a) Trata-se de um médico **confiável**.

_____

b) As mulheres **trabalhadoras** merecem todo o nosso respeito.

_____

c) Os autores **conhecidos** foram convidados para o evento.

_____

11. Leia a charge.

CAZO

a) Transcreva a oração principal e a subordinada adjetiva do período "Seleções que virão à Copa estão preocupadas com a epidemia de dengue...".

_____

_____

_____

b) Classifique a subordinada adjetiva.

_____

c) Haveria alteração de sentido se essa oração subordinada adjetiva estivesse entre vírgulas? Explique.

_____

_____

12. Leia este trecho de um texto de Rosa Amada Strausz.

ROBSON ARAUJO

Apresentação

Quando bicho e assombração eram da mesma família

Era uma vez um menino que nasceu perto de Corumbá, no Estado de Goiás. Não na Corumbá de hoje, mas a de 1915, uma cidadezinha tão pequena que nem 500 habitantes chegava a ter.

Órfão de mãe, filho de pai muito pobre, José J. Veiga foi criado em um tempo e lugar onde os bichos e assombrações conviviam de igual para igual. Cavalo comum e mula sem cabeça tinham o mesmo valor, as pessoas se benziam quando viam índio, os meninos se criavam soltos no mato.

[...]

In: José J. Veiga. _Histórias fantásticas_. Rio de Janeiro: Bertrand Brasil, 2002. p. 5.

a) Para fazer a apresentação do menino, foi usada uma oração adjetiva. Classifique-a.

_____

_____

b) Descreva uma personagem de um filme ou de um livro de que você goste muito, empregando ao menos duas orações subordinadas adjetivas restritivas.

_____

_____

_____

_____

13. Leia este fragmento de uma crônica.

Por que não?

Por que você não pega o ônibus que passa na sua rua? Você conhece o itinerário dele? Vá até o ponto final, para ver como é a cidade [...].

Por que você não paga pipoca para todas as crianças do berçário vizinho, que fazem uma algazarra incrível na hora do recreio? Por que você não aproveita e brinca com elas? Por que não pode ou não quer? [...]

Por que você não começa hoje a ler o livro que sempre teve vontade, mas nunca teve tempo? E por que não decora a letra daquela música que ama? Por que não aproveita e decora o número do seu cartão de crédito novo?

Marcelo Rubens Paiva. _Crônicas pra ler na escola_. São Paulo: Objetiva, 2011. p. 99-101.

a) Segundo o narrador, o interlocutor poderia pegar qualquer ônibus? Explique.

_____

b) Segundo a gramática normativa, a oração subordinada adjetiva explicativa deve ficar entre vírgulas e não é essencial para a compreensão do texto. Contudo, em algumas situações, embora não seja essencial, ela pode ser muito importante. No texto, qual é a importância da oração subordinada explicativa em destaque no segundo parágrafo?

_____

_____

_____

_____

_____

c) As orações em destaque no terceiro parágrafo são restritivas. De que maneira elas contribuem para mostrar que o interlocutor deveria ler o livro que sempre teve vontade ou ouvir a música de que mais gosta?

_____

_____

14. Em qual dos dois períodos a seguir temos a informação de que todos os professores da escola aderiram à greve? Explique.

> Os professores que aderiram à greve foram chamados à diretoria.
>
> Os professores, que aderiram à greve, foram chamados à diretoria.

_____

_____

_____

- O texto a seguir é o editorial do dia 13 de maio de 2014 do *blog* Opinião ZH, do jornal *Zero Hora* (RS). As questões 15 a 17 referem-se a esse texto.

Ódio on-line

O episódio do linchamento de uma dona de casa paulista, supostamente por ser confundida com o retrato falado de uma sequestradora de crianças divulgado pela internet, reacendeu o debate em torno de informações e opiniões irresponsáveis postadas na rede mundial de computadores. De acordo com a ONG Safernet, nos últimos três anos houve um aumento de 203% de páginas denunciadas por divulgar conteúdos de intolerância racial, religiosa, **neonazistas**, **xenófobos** e **homo-**

fóbicos, ou por fazer apologia e incitação a crimes contra a vida. Só no ano passado, foram registradas 21.205 páginas com mensagens agressivas ou ofensivas, 11.004 no Facebook.

As redes sociais multiplicaram vertiginosamente a comunicação entre pessoas e facilitaram o acesso a informações, mas também se transformaram em vitrines de maus instintos. Há muita bravata, é verdade, pois as pessoas sentem-se encorajadas a manifestar na rede posições que normalmente não assumiriam em público. Mas há, também, preocupantes incitações ao ódio, notadamente por parte de grupos neonazistas, misóginos ou que apregoam o justiçamento. Essa visão autoritária não chega a ser uma novidade digital. Sempre existiu. Só que agora o risco de contágio é maior, porque as mensagens se propagam rapidamente e atingem pessoas sem preparo psicológico e intelectual para repeli-las.

A legislação é insuficiente para proteger os cidadãos. Como ofensas, ameaças e invasão de privacidade são considerados delitos de pequeno potencial ofensivo, as penas preveem no máximo dois anos de reclusão e podem facilmente ser substituídas por multas ou prestação de serviço à comunidade. E às vezes os danos causados por postagens maldosas são irreparáveis, como no caso do linchamento referido ou de suicídios de adolescentes que tiveram imagens íntimas divulgadas.

Mas a questão não pode ser resolvida apenas com uma legislação mais rigorosa. A internet nada mais é do que a imagem da sociedade, potencializada pela exposição das ideias dos internautas. Por isso, o ódio *on-line* também nada mais é do que uma deformação cultural, que precisa ser combatida com educação e cidadania. A intolerância, a xenofobia, o racismo e a homofobia têm que ser combatidos nos lares e nas escolas. Os preconceitos e as opiniões agressivas precisam ser desestimulados no ambiente de trabalho, nas rodas de amigos, nos meios de comunicação e nas atividades recreativas. Com cidadãos mais conscientes e mais tolerantes certamente teremos também internautas mais civilizados.

Disponível em: <http://wp.clicrbs.com.br/opiniaozh/2014/05/13/editorial-odio-online/>.
Acesso em: 5 dez. 2018.

ROBSON ARAUJO

🔍 Glossário

Neonazistas: pessoas que retomaram as ideias do nazismo.

Xenófobos: pessoas que têm ódio ou aversão por tudo que é estrangeiro.

Homofóbicos: pessoas que têm aversão ou rejeição a homossexuais.

Apologia: discurso ou fala que elogia ou defende algo ou alguém.

Bravata: relato inventado ou exagerado com o objetivo de se vangloriar de algo.

Misóginos: pessoas que têm ódio ou aversão às mulheres.

Justiçamento: ação de fazer justiça com as próprias mãos.

15. Assinale qual dos trechos a seguir melhor representa a ideia principal defendida nesse editorial.

( ) **a)** "O episódio do linchamento de uma dona de casa paulista [...] reacendeu o debate em torno de informações e opiniões irresponsáveis postadas na rede mundial de computadores."

( ) **b)** "A legislação é insuficiente para proteger os cidadãos. [...] Mas a questão não pode ser resolvida apenas com uma legislação mais rigorosa."

( ) **c)** "Só no ano passado, foram registradas 21.205 páginas com mensagens agressivas ou ofensivas [...]."

( ) **d)** "A internet nada mais é que a imagem da sociedade, potencializada pela exposição das ideias dos internautas."

( ) **e)** "A intolerância, a xenofobia, o racismo e a homofobia têm que ser combatidos nos lares e nas escolas."

16. Marque a afirmativa **incorreta** sobre o texto "Ódio *on-line*".

( ) **a)** Como geralmente ocorre nos editoriais, este não é assinado, uma vez que apresenta a opinião do *blog* Opinião ZH e não de uma pessoa em particular.

( ) **b)** Esse editorial discute um tema que foi motivado pelo episódio de linchamento de uma dona de casa paulista.

( ) **c)** São utilizados dados estatísticos como argumentos para mostrar a dimensão das mensagens agressivas ou ofensivas veiculadas pela internet.

( ) **d)** De acordo com o texto do editorial, a principal atitude a ser tomada para proteger os cidadãos é mudar a legislação.

( ) **e)** O editorial destaca que sempre houve incitações ao ódio, mas a internet permite que as mensagens circulem com mais rapidez e para um maior número de pessoas.

17. Releia este trecho do texto e observe o emprego da vírgula antes da palavra **que**.

"Por isso, o ódio *on-line* também nada mais é do que uma deformação cultural, que precisa ser combatida com educação e cidadania."

- Qual das afirmativas a seguir explica o emprego dessa vírgula?

( ) **a)** Separa orações coordenadas adversativas.

( ) **b)** Isola o aposto presente na frase.

( ) **c)** Identifica uma oração subordinada adjetiva explicativa.

( ) **d)** Separa a oração principal de sua subordinada substantiva subjetiva.

( ) **e)** Indica uma oração subordinada adverbial.

7. ORAÇÕES SUBORDINADAS ADVERBIAIS

A oração subordinada que exerce a mesma função de um adjunto adverbial chama-se **oração subordinada adverbial**. Pode ser de nove tipos:

- **temporal**: expressa circunstância de tempo. É introduzida por *quando, assim que, logo que, enquanto*, etc.

- **causal**: expressa causa. É introduzida por *porque, visto que, já que, como*.

- **comparativa**: expressa comparação. É introduzida por *como, do que* (precedidas de *tão, tanto, mais, menos, pior, melhor, maior, menor*), *quanto, assim como, assim*, etc. Muitas vezes têm o verbo subentendido para evitar repetição.

- **conformativa**: exprime conformidade com o pensamento expresso na oração principal. É introduzida por *como, conforme, segundo, consoante* (todas com o mesmo valor de *conforme*).

- **condicional**: expressa condição para que o fato da oração principal seja realizado. É introduzida por *se, caso, salvo se, desde que, exceto se, contanto que, a menos que, a não ser que, uma vez que* (seguida de verbo no subjuntivo).

- **consecutiva**: indica consequência resultante de fato expresso na oração principal. É introduzida por *(tão)... que, (tanto)... que, (tal)... que, (tamanho)... que, de forma que, de modo que, de sorte que*.

- **concessiva**: expressa concessão, isto é, concede uma ideia oposta àquela presente na oração principal. É introduzida por *embora, ainda que, posto que, a menos que, se bem que, mesmo que, apesar de que, por mais que, conquanto*, etc.

- **final**: indica finalidade, objetivo ou fim. É introduzida por *para que*, *a fim de que*, *porque* (*para que*).
- **proporcional**: indica relação de gradação ou proporcionalidade. É introduzida por *à medida que*, *à proporção que*, *ao passo que*, *quanto mais* (*menos*)... *mais* (*menos*), *tanto mais*...

Quando não são introduzidas por conjunção e apresentam verbo em uma das formas nominais, são chamadas **orações adverbiais reduzidas**.

1. Na tira a seguir há um problema de comunicação entre Calvin e sua mãe. Leia.

CALVIN & HAROLDO   **BILL WATTERSON**

a) Para mostrar que não pretendia comer o que a mãe esperava que ele comesse, Calvin usa uma conjunção com sentido de oposição. Qual é ela?

_____

b) Essa conjunção introduz uma subordinada adverbial. Transcreva e classifique a oração.

_____

_____

c) Qual a estratégia empregada por Calvin para comer os *cookies*?

_____

_____

_____

2. Identifique a circunstância indicada pela conjunção **como** nas frases a seguir.

	conformidade	causa	comparação
a) Todos ficaram assustados **como** em um filme de terror.			
b) **Como** não sabia o endereço daquele *site*, não fez a pesquisa.			
c) Ninguém conhecia tão bem meu cachorro **como** eu.			
d) **Como** dizia meu amigo, nada é de graça na vida.			

3. Transforme os adjuntos adverbiais destacados nas frases a seguir em orações subordinadas adverbiais. Em seguida, classifique as orações formadas.

a) Não conversamos **por respeito ao momento de tristeza**.

_____

_____

b) **À noite**, ele voltou à casa, arrependido.

_____

_____

c) **Segundo suas instruções**, preenchemos o formulário.

_____

_____

d) **Por ser feriado**, viajaremos.

_____

_____

4. Leia a tira a seguir e observe Calvin em mais uma travessura.

CALVIN & HAROLDO   BILL WATTERSON

a) No bilhete que está sendo escrito por Calvin com letras recortadas, no último quadrinho, temos uma oração subordinada adverbial. Qual é ela e como se classifica?

_____

_____

b) Por que a oração da questão **a** foi usada nesse contexto?

_____

5. Leia o texto abaixo.

Quem dorme até tarde não é vagabundo, diz ciência

Segundo neurologistas, o que essas pessoas têm é distúrbio do sono atrasado

[...]

Quando dormimos, a temperatura do corpo diminui e começamos a produzir hormônios de crescimento. Se dormirmos durante a noite, no escuro, produzimos também um hormônio específico chamado melatonina, responsável por comandar o ciclo do sono e fazer com que sua qualidade seja melhor, que seja mais profundo.

Pessoas vespertinas, que têm o hábito de ir para a cama durante a madrugada e dormir até o meio-dia, por exemplo, só irão começar a produzir seus hormônios por volta das 5 da manhã. Isso fará com que tenham dificuldade de ir para a cama mais cedo no outro dia e, consequentemente, de acordar mais cedo. [...]

[...]

Disponível em: <http://revistagalileu.globo.com/Revista/Common/0,,ERT148505-17770,00.html>.
Acesso em: 6 dez. 2018. (Fragmento).

a) Segundo o texto, há um momento em que nosso organismo produz hormônios de crescimento. Transcreva a oração que indica esse momento e classifique-a.

_____

_____

b) Há no texto uma oração que apresenta uma condição para a produção do hormônio melatonina. Qual é essa oração? Como ela se classifica?

_____

_____

6. Classifique as orações subordinadas adverbiais destacadas conforme o código: causal (CA), comparativa (CP), concessiva (CC), condicional (CD), conformativa (CF), consecutiva (CS), final (FI), proporcional (PR), temporal (TE).

(   ) **a)** **Como estou ocupado**, não vou falar com você neste momento.

(   ) **b)** Ele era tão desagradável **que ninguém queria ser seu amigo**.

(   ) **c)** Sabia o assunto tão bem **quanto eu**.

(   ) **d)** **Logo que soube do acidente**, fui imediatamente ao hospital.

(   ) **e)** **Se você não quiser**, não precisa vir comigo.

(   ) **f)** **Embora estivesse apaixonada**, não se deixou enganar.

(   ) **g)** Fiz o trabalho **conforme o professor pediu**.

(   ) **h)** O barulho aumentava **à medida que nos aproximávamos da manifestação**.

(   ) **i)** Pais e filhos precisam dialogar muito **para que os conflitos de geração possam ser minimizados**.

7. No caderno, construa períodos compostos por subordinação, relacionando as orações a seguir entre si. Fique atento às circunstâncias solicitadas e faça as adaptações necessárias.

a) Ocorreu uma discussão entre eles.
Eles não quiseram dividir as despesas. (causa)

_____

_____

b) Ele fez os desenhos.
O professor pediu os desenhos aos alunos. (conformidade)

_____

_____

c) Ela se veste de maneira excêntrica.
A irmã também se veste de maneira excêntrica. (comparação)

_____

_____

d) Ele gostaria de ganhar na loteria.
O prêmio da loteria resolveria seus problemas financeiros. (causa) (condição)

_____

_____

e) Ele toma banho.
A irmã lê as cartas de amor que ele recebeu. (tempo)

_____

_____

8. Leia.

> Cambridge, 7 de outubro.
>
> Ao recebermos sua carta do dia 6 do mês corrente, dirigida ao Observatório de Cambridge, imediatamente nos reunimos com o propósito de responder o mais rapidamente possível às perguntas que nos foram feitas.

Júlio Verne. *Da Terra à Lua*. São Paulo: Melhoramentos, 2005. p. 22. (Fragmento).

a) No texto, há duas orações adverbiais reduzidas. Encontre-as e classifique-as.

1ª oração: _____

_____

2ª oração: _____

b) Desenvolva essas orações reduzidas.

_____

_____

_____

9. **Leia estes dois fragmentos de texto e assinale V (verdadeiro) ou F (falso) para as alternativas seguintes. Corrija as que você considerou falsas.**

> [...] A floresta mudara de aspecto conforme os dois avançavam no seu interior. As árvores já não eram tão grossas, e havia mais clareiras entre elas. A luz do sol entrava em abundância por entre os galhos, de modo que não havia trechos escuros. A estrada ficou mais larga e bem mais visível também.
>
> Eles não se sentiam mais tão ameaçados. Era como se a floresta ficasse mais amigável à medida que se aproximavam do Reino do Canto. [...]
>
> Chris Colfer. *Terras de histórias*: o feitiço do desejo. São Paulo: Benvirá, 2012. p. 114. (Fragmento).

> [...] Na terra, espalhavam-se pequenas pedras que impediam o percurso da charrete. E, embora chovesse com bastante frequência, naquele solo nada brotava, o que tornava impossível a vida de qualquer animal. [...]
>
> Chris Colfer. *Terras de histórias*: o feitiço do desejo. São Paulo: Benvirá, 2012. p. 135. (Fragmento).

( ) **a)** A mudança de aspecto da floresta é proporcional ao avanço das personagens em direção ao seu interior.

_____

( ) **b)** A oração "conforme os dois avançavam no seu interior" é subordinada adverbial conformativa.

_____

( ) **c)** A conjunção *conforme*, que introduz essa oração, pode ser substituída por à *medida que* sem que haja alteração de sentido.

_____

( ) **d)** "Eles não se sentiam mais tão ameaçados" é uma oração adverbial consecutiva.

_____

( ) **e)** "Embora chovesse com bastante frequência" é uma oração subordinada adverbial concessiva.

_____

COESÃO

COESÃO

► Leia o poema do amazonense Thiago de Mello, que servirá de base para as questões 1 a 3.

Os Estatutos do Homem
(Ato Institucional Permanente)

A Carlos Heitor Cony

Artigo I
Fica decretado que agora vale a verdade,
agora vale a vida,
e de mãos dadas,
marcharemos todos pela vida verdadeira.

Artigo II
Fica decretado que todos os dias da semana,
inclusive as terças-feiras mais cinzentas,
têm direito a converter-se em manhãs de domingo.

Artigo III
Fica decretado que, a partir deste instante,
haverá girassóis em todas as janelas,
que os girassóis terão direito
a abrir-se dentro da sombra;
e que as janelas devem permanecer, o dia inteiro,
abertas para o verde onde cresce a esperança.

Artigo IV
Fica decretado que o homem
não precisará nunca mais
duvidar do homem.
Que o homem confiará no homem
como a palmeira confia no vento,
como o vento confia no ar,
como o ar confia no campo azul do céu.

Parágrafo único:
O homem confiará no homem
como um menino confia em outro menino.
[...]

Thiago de Mello. Disponível em: <https://cultura.estadao.com.br/noticias/literatura,leia-poemas-de-thiago-de-mello-que-comemora-90-anos,10000021253>.
Acesso em: 29 nov. 2018. (Fragmento).

1. Várias estrofes desse poema apresentam uma semelhança quanto à forma como foram construídas.

a) Descreva essa estrutura que se repete nas estrofes.

_____

_____

_____

b) A estrutura do poema tem semelhança com a estrutura da Declaração Universal dos Direitos Humanos. Leia a seguir um trecho dessa declaração e explique: que efeito essa semelhança provoca no poema?

Artigo XXIII

1. Toda pessoa tem direito ao trabalho, à livre escolha de emprego, a condições justas e favoráveis de trabalho e à proteção contra o desemprego.

2. Toda pessoa, sem qualquer distinção, tem direito a igual remuneração por igual trabalho.

3. Toda pessoa que trabalhe tem direito a uma remuneração justa e satisfatória, que lhe assegure, assim como à sua família, uma existência compatível com a dignidade humana, e a que se acrescentarão, se necessário, outros meios de proteção social.

4. Toda pessoa tem direito a organizar sindicatos e neles ingressar para proteção de seus interesses.

Artigo XXIV

Toda pessoa tem direito a repouso e lazer, inclusive a limitação razoável das horas de trabalho e férias periódicas remuneradas.

Artigo XXV

1. Toda pessoa tem direito a um padrão de vida capaz de assegurar a si e a sua família saúde e bem-estar, inclusive alimentação, vestuário, habitação, cuidados médicos e os serviços sociais indispensáveis, e direito à segurança em caso de desemprego, doença, invalidez, viuvez, velhice ou outros casos de perda dos meios de subsistência fora de seu controle.

2. A maternidade e a infância têm direito a cuidados e assistência especiais. Todas as crianças nascidas dentro ou fora do matrimônio gozarão da mesma proteção social.

Disponível em: <https://www2.senado.leg.br/bdsf/bitstream/handle/id/508144/000992124.pdf?sequence=1>. Acesso em: 29 nov. 2018. (Fragmento).

_____

_____

2. A repetição de uma estrutura sintática recebe o nome de **paralelismo**. No interior das estrofes também podemos observar esse fenômeno. Observe, por exemplo, o Artigo IV e o Parágrafo Único que o segue (estrofes 4 e 5).

a) Qual é a estrutura paralelística nesses trechos?

_____

_____

b) Crie dois versos que poderiam ser colocados nessas estrofes, de acordo com a repetição que você identificou.

_____

_____

_____

_____

3. Todas as estrofes apresentam um determinado tipo de conteúdo, o que caracteriza também uma forma de **paralelismo semântico**, ou seja, o sentido de uma estrofe é semelhante ao da outra, assim como eram semelhantes as estruturas sintáticas mencionadas na questão anterior.

a) Quanto ao conteúdo, que semelhança existe entre as estrofes?

_____

_____

_____

b) Baseando-se em sua resposta, e também no **paralelismo sintático** identificado anteriormente, escreva mais uma estrofe para o poema.

_____

_____

_____

4. O paralelismo é um recurso que ocorre quando há uma relação de semelhança — sintática ou semântica — entre duas ou mais partes de um texto. Mas, para que ele ocorra, é importante que essas partes apresentem a mesma estrutura e organização. Observe os exemplos.

I. Os jovens gostam de **tecnologia** e de **polêmicas**.

substantivo   substantivo

Os jovens gostam de **utilizar tecnologia** e de **provocar polêmicas**.

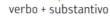
verbo + substantivo   verbo + substantivo

II. Marcelo está preocupado com uma prova **que é difícil** e **que pode fazer** com

oração   oração

que ele seja reprovado.

Marcelo está preocupado com uma prova **difícil** e **capaz** de fazer com que ele

adjetivo adjetivo

seja reprovado.

III. Comprou o coelho não só porque **queria** um animal de estimação, mas também

pretérito imperfeito

porque **desejava** agradar a filha.

pretérito imperfeito

Comprou um coelho não só por **querer** um animal de estimação, mas também

infinitivo

por **desejar** agradar a filha.

infinitivo

IV. É importante **que** você **compre** o presente e **que chegue** no horário na festa.

presente do subjuntivo   presente do subjuntivo

É importante **comprar** o presente e **chegar** no horário na festa.

infinitivo   infinitivo

V. Fiquei feliz **com a premiação** e **com o convite** para fazer uma palestra.

preposição + artigo + substantivo preposição + artigo + substantivo

Fiquei feliz **quando recebi** a premiação e **quando fui convidado**

oração adverbial temporal   oração adverbial temporal

para fazer uma palestra.

- A ausência de paralelismo não é necessariamente um erro, mas o paralelismo torna o texto mais preciso. Nas frases a seguir, há falta de paralelismo. Reescreva-as estabelecendo o paralelismo.

a) Os eleitores **desejavam mais coerência** dos candidatos e **que eles apresentassem** seus planos de governo.

_____

_____

_____

b) Ele não só **estuda** bastante, mas também **é um trabalhador** incansável.

_____

_____

_____

ROBSON ARAUJO

c) É interessante **que ela se informe** a respeito do curso e **os pais visitarem** a escola.

d) Sentiram-se nostálgicos **quando ouviram** a música e **por causa do cheiro** da comida.

e) Trocaram de carro não só **por ele estar ficando** velho, mas também **porque acreditavam** que o modelo novo era melhor.

f) Os cães gostam de **farejar** e de **ossos**.

g) A cozinheira prefere **forno a lenha** e **cozinhar** alimentos orgânicos.

h) Eles preferem **andar de *skate*** ao **surfe**.

5. Observe o poema visual a seguir.

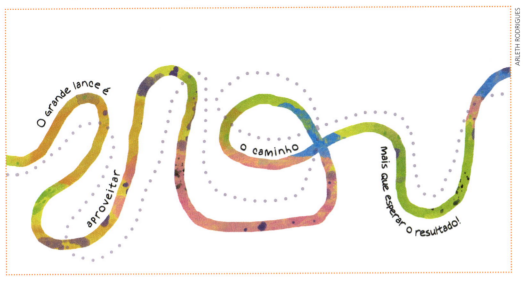

Arleth Rodrigues. *Ilustre sentimento*. São Paulo, 2016.

a) Identifique no texto a estrutura que apresenta paralelismo e explique como ela é formada.

_____

_____

b) Qual das alternativas abaixo **não** apresenta a mesma estrutura do paralelismo empregado no poema visual?

(   ) O grande lance é pesquisar fontes mais que espalhar *fake news*.

(   ) O grande lance é se divertir de verdade mais que postar nas redes sociais.

(   ) O grande lance é procurar ajuda mais que disfarçar a tristeza.

▶ Leia o texto a seguir para responder às questões 6 a 9.

Lixo nos mares

Levados para os oceanos pelo vento, os resíduos sólidos gerados por atividades humanas já são um grave problema social e ambiental. Conservação marinha e boa gestão podem auxiliar a reduzir esse impacto.

O lixo de origem humana que entra no mar está presente nas imagens, hoje comuns, de animais emaranhados em materiais de todo tipo ou que ingeriram ou sufocaram com diferentes itens. Também é conhecida a imensa mancha de lixo que se acumula no chamado "giro" do oceano Pacífico Norte — os giros, existentes em todos os oceanos, são áreas em torno das quais se deslocam as correntes marinhas. Nas zonas centrais desses giros, as correntes têm baixa intensidade e quase não há ventos. Os resíduos que chegam ali ficam retidos e se acumulam, gerando enormes "lixões" oceânicos.

Apesar do sensacionalismo em torno desse tema, o estudo do lixo marinho tem bases científicas e envolve, em todo o mundo, cada vez mais pesquisadores e tomadores de decisão. Todos engajados na luta pela diminuição desse problema social e ambiental.

A rede de pesca, emaranhada na tartaruga marinha, pode prejudicar seus movimentos e provocar sua morte.

Os impactos ligados à presença do lixo no mar começaram a ser observados a partir da década de 1950, mas somente em 1975 foi definido o termo "lixo marinho", hoje consagrado. Essa definição, da Academia Nacional de Ciências dos Estados Unidos, diz que é lixo marinho todo material sólido de origem humana descartado nos oceanos ou que os atinge por rios, córregos, esgotos e descargas domésticas e industriais.

Detritos orgânicos (vegetais, animais, fezes e restos de alimento) não são considerados lixo marinho, porque em geral se decompõem rapidamente e se tornam nutrientes e alimentos para outros organismos. As fontes do lixo oceânico são comumente classificadas como "marinhas" (descartes por embarcações e plataformas de petróleo e gás) e "terrestres" (depósitos e descartes incorretos feitos em terra e levados para os rios pelas chuvas e daí para o mar, onde também chegam carregados pelo vento e até pelo gelo).

O número de publicações, científicas e não científicas, sobre lixo marinho começou a aumentar a partir da década de 1980, segundo Christine Ribic, bióloga norte-americana e uma das principais pesquisadoras da área.

Ribic atribui esse aumento a três processos: 1) a contínua e crescente substituição, em vários tipos de utensílios, de materiais naturais pelos sintéticos — estes, como o plástico, resistem por mais tempo à degradação no ambiente marinho e tendem a se acumular; 2) o baixo custo dos materiais sintéticos, que não incentiva sua reciclagem e favorece o descarte no ambiente; e 3) o aumento, na zona costeira, do número de habitantes e embarcações, que podem contribuir para o descarte de lixo no ambiente marinho.

Compromissos e atitudes

Os estudos sobre o volume de resíduos no mar e os impactos à fauna levaram à realização, nos Estados Unidos, de Conferências Internacionais de Lixo Marinho, organizadas pela Administração Nacional Oceânica e Atmosférica (Noaa, na sigla em inglês). As conferências ajudaram a consolidar a ideia de que o problema do lixo marinho deve ser reconhecido e enfrentado pelo poder público e por indústrias, pescadores, marinha mercante, militares e a sociedade em geral, e ainda agilizaram trocas de informação entre os pesquisadores e os tomadores de decisão.

O número de participantes — inclusive de países — vem aumentando, como mostrou a última Conferência Internacional de Lixo Marinho, realizada em 2011, no Havaí, que teve o apoio do Programa das Nações Unidas para o Meio Ambiente (PNUMA). Esse encontro gerou dois documentos importantes: o Compromisso de Honolulu e a Estratégia de Honolulu.

O primeiro é uma lista com 12 atitudes/ações que objetivam reduzir a geração de lixo marinho. Ao assinar esse documento, a nação, empresa ou indivíduo assume publicamente o compromisso de combate ao problema. Já a Estratégia de Honolulu consiste em um roteiro de medidas elaborado para orientar a sociedade civil, o poder público e o setor privado a planejar e executar suas ações nesse campo, incluindo a troca de informações e o aprendizado mútuo. Inclui três eixos de ação: reduzir o lixo marinho gerado em terra, reduzir o lixo marinho gerado no mar e remover o lixo acumulado no ambiente marinho.

[...]

ROBSON ARAUJO

Andréa de Lima Oliveira, Flávia Cabral Pereira e Alexander Turra. *Ciência Hoje*. Disponível em: <http://cienciahoje.org.br/artigo/lixo-nos-mares/>. Acesso em: 29 nov. 2018. (Fragmento).

6. O primeiro parágrafo do texto apresenta uma quebra de paralelismo sintático em sua estrutura.

a) Identifique o trecho em que ocorre essa quebra.

_____

_____

_____

b) Reescreva-o de forma a manter o paralelismo.

_____

_____

_____

7. Observe a legenda da imagem.

"A rede de pesca, emaranhada na tartaruga marinha, pode prejudicar seus movimentos e provocar sua morte."

a) Identifique o trecho em que há paralelismo sintático.

_____

_____

b) Reescreva a legenda, iniciando-a por "A rede de pesca, emaranhada na tartaruga marinha, é a causa..." e mantendo o paralelismo.

_____

_____

_____

_____

8. **Releia o último parágrafo do texto.**

a) Reescreva o trecho a seguir, substituindo os verbos destacados por substantivos que mantenham o sentido da frase em que estão inseridos.

> "[...] para orientar a sociedade civil, o poder público e o setor privado a planejar e executar suas ações nesse campo, incluindo a troca de informações e o aprendizado mútuo."

_____

_____

_____

_____

b) Releia este trecho do último período do texto:

> "[...] reduzir o lixo marinho gerado em terra, reduzir o lixo marinho gerado no mar e remover o lixo acumulado no ambiente marinho."

● Reformule a frase, substituindo as formas verbais **reduzir** e **remover** por substantivos equivalentes, fazendo as adaptações necessárias.

_____

_____

_____

9. **O último parágrafo do texto começa com a expressão "O primeiro".**

a) A que se refere esse termo?

_____

_____

b) "O primeiro" pressupõe que será apresentado, em seguida, "o segundo". Com que expressão se mantém o paralelismo dessa estrutura?

_____

_____

▶ O texto a seguir serve de base para as questões 10 a 12.

O "Ovo de Colombo" da caravela Santa Maria

Historiadores concordam que o navegador Cristóvão Colombo descobriu a América em 1492, no comando de uma esquadra formada pelas caravelas Santa Maria, Pinta e Niña. Há menos unanimidade, no entanto, em relação ao naufrágio que Santa Maria teria sofrido na região atual do Haiti. Agora haverá mais polêmica, com o anúncio feito pelo arqueólogo submarino Barry Clifford, um dos mais respeitados pesquisadores dos EUA. Ele declarou ter encontrado no litoral haitiano restos da famosa nau capitânia de Colombo. "Tenho certeza de que estamos diante da primeira prova arqueológica marinha da descoberta da América", diz Clifford. Há pesquisadores menos entusiasmados. "Documentos da época, confiáveis porque não sofreram manipulações, apontam que nada sobrou da caravela", assegura Marina Alfonso Mola, pesquisadora espanhola. Pode-se dizer que o arqueólogo Clifford, se conseguir demonstrar que localizou restos da esquadra, terá literalmente descoberto o "ovo de Colombo" da caravela Santa Maria.

Antonio Carlos Prado e Elaine Ortiz. *IstoÉ.*
Disponível em: <http://www.istoe.com.br/assuntos/semana/detalhe/363482_O+OVO+
DE+COLOMBO+DA+CARAVELA+SANTA+MARIA>. Acesso em: 29 nov. 2018.

ROBSON ARAUJO

10. No texto, as palavras **unanimidade** e **polêmica** são usadas para retomar ideias enunciadas anteriormente.

a) Que ideias são retomadas por essas palavras?

_____

_____

_____

_____

b) Explique o uso de **no entanto**, no segundo período do texto. Reescreva a frase, substituindo essa expressão por outra que mantenha o sentido da frase.

_____

_____

_____

_____

11. O nome **Santa Maria** foi substituído no texto por outras palavras.

a) Quais são essas palavras?

_____

b) Essas palavras acrescentam informações ao texto ou são usadas apenas para evitar a repetição do termo inicial? Explique. Se necessário, procure as palavras no dicionário.

_____

_____

_____

12. O texto termina com uma referência à expressão "ovo de Colombo", que, metaforicamente, segundo o *Dicionário eletrônico Houaiss*, é "algo que se torna fácil depois de alguém mostrar como faz".

a) O uso dessa expressão, no contexto em que ocorre, está adequado? Justifique sua resposta.

_____

_____

b) Por que os autores optaram por usar essa expressão para encerrar o texto?

_____

_____

_____

_____

▶ **Este outro texto refere-se às questões 13 a 18. Leia-o.**

Povos indígenas

Em pleno século XXI a grande maioria dos brasileiros ignora a imensa diversidade de povos indígenas que vivem no país. Estima-se que, na época da chegada dos europeus, fossem mais de 1.000 povos, somando entre 2 e 4 milhões de pessoas. Atualmente encontramos no território brasileiro 241 povos, falantes de mais de 150 línguas diferentes.

Os povos indígenas somam, segundo o Censo IBGE 2010, 896.917 pessoas. Destes, 324.834 vivem em cidades e 572.083 em áreas rurais, o que corresponde aproximadamente a 0,47% da população total do país.

A maior parte dessa população distribui-se por milhares de aldeias, situadas no interior de 693 terras indígenas, de norte a sul do território nacional.

A expressão genérica *povos indígenas* refere-se a grupos humanos espalhados por todo o mundo, e que são bastante diferentes entre si. É apenas o uso corrente da linguagem que faz com que, em nosso país e em outros, fale-se em povos indígenas, ao passo que, na Austrália, por exemplo, a forma genérica para designá-los seja *aborígines*.

> *Indígena* ou *aborígine*, como ensina o dicionário, quer dizer "originário de determinado país, região ou localidade; nativo". Aliás, *nativos* e *autóctones* são outras expressões usadas, ao redor do mundo, para denominar esses povos.

O que todos os povos indígenas têm em comum? Antes de tudo, o fato de cada qual se identificar como uma coletividade específica, distinta de outras com as quais convive e, principalmente, do conjunto da sociedade nacional na qual está inserida.

Índios, ameríndios

Genericamente, os povos indígenas que vivem não apenas em nosso país, mas em todo o continente americano, são também chamados de *índios*. Essa palavra é fruto do equívoco histórico dos primeiros colonizadores que, tendo chegado às Américas, julgaram estar na Índia.

Apesar do erro, o uso continuado — até mesmo por parte dos próprios índios — faz da palavra, no Brasil de hoje, um sinônimo de indivíduo indígena.

Como há certas semelhanças que unem os índios das Américas do Norte, Central e do Sul, há quem prefira chamá-los, todos, de *ameríndios*. Os índios ou ameríndios são, então, os povos indígenas das Américas.

Em décadas passadas, uma outra palavra era bastante usada no Brasil para designar genericamente os índios: *silvícolas* ("quem nasce ou vive nas selvas"). O termo é totalmente inadequado, porque o que faz de alguém indígena não é o fato de viver ou ter nascido na "selva".

Falar, hoje, em povos indígenas no Brasil significa reconhecer, basicamente, seis coisas:

- Nestas terras colonizadas por portugueses, onde viria a se formar um país chamado Brasil, já havia populações humanas que ocupavam territórios específicos.

- Não sabemos exatamente de onde vieram; dizemos que são "originárias" ou "nativas" porque estavam por aqui antes da ocupação europeia.

- Certos grupos de pessoas que vivem atualmente no território brasileiro estão historicamente vinculados a esses primeiros povos.

- Os índios que estão hoje no Brasil têm uma longa história, que começou a se diferenciar daquela da civilização ocidental ainda na chamada "pré-história" (com fluxos migratórios do "Velho Mundo" para a América ocorridos há dezenas de milhares de anos); a história "deles" voltou a se aproximar da "nossa" há cerca de, apenas, 500 anos (com a chegada dos portugueses).

- Como todo grupo humano, os povos indígenas têm culturas que resultam da história de relações que se dão entre os próprios homens e entre estes e o meio ambiente; uma história que, no seu caso, foi (e continua sendo) drasticamente alterada pela realidade da colonização.

- A divisão territorial em países (Brasil, Venezuela, Bolívia etc.) não coincide, necessariamente, com a ocupação indígena do espaço; em muitos casos, os povos que hoje vivem em uma região de fronteiras internacionais já ocupavam essa área antes da criação das divisões entre os países; é por isso que faz mais sentido dizer povos indígenas no Brasil do que do Brasil.

ROBSON ARAUJO

Disponível em: <http://pib.socioambiental.org/pt/c/no-brasil-atual/quem-sao/povos-indigenas>. Acesso em: 29 nov. 2018.

13. O texto que você leu, publicado em um portal na internet, foi escrito com uma finalidade específica.

a) Qual pode ser o objetivo com que foi produzido esse texto?

_____

_____

_____

_____

b) Que palavra e que expressão se repetem no texto todo?

_____

c) Por que essa repetição é usada, considerando-se a finalidade do texto?

_____

_____

_____

_____

14. Releia este trecho.

> "Os índios que estão hoje no Brasil têm uma longa história, que começou a se diferenciar daquela da civilização ocidental ainda na chamada 'pré-história' (com fluxos migratórios do 'Velho Mundo' para a América ocorridos há dezenas de milhares de anos); a história 'deles' voltou a se aproximar da 'nossa' há cerca de, apenas, 500 anos (com a chegada dos portugueses)."

a) A quem se referem os pronomes **deles** e **nossa**?

_____

_____

b) Por que esses pronomes foram colocados entre aspas?

_____

_____

_____

c) O termo "Velho Mundo" foi utilizado no lugar de que palavra? Por quê?

_____

_____

_____

15. No parágrafo reproduzido a seguir, identifique o termo que introduz uma explicação e substitua-o por outro equivalente.

> "Em décadas passadas, uma outra palavra era bastante usada no Brasil para designar genericamente os índios: *silvícolas* ('quem nasce ou vive nas selvas'). O termo é totalmente inadequado, porque o que faz de alguém indígena não é o fato de viver ou ter nascido na 'selva'."

• Reescreva o último período do parágrafo acima, mantendo seu sentido e começando por "O que faz de alguém indígena...".

_____

_____

_____

16. O trecho a seguir fornece uma explicação sobre os povos indígenas. Escreva uma paráfrase dessa explicação, para ser colocada depois do parágrafo do texto (citado na questão anterior), como uma espécie de "fechamento" dele. Inicie-a com a expressão **ou seja**.

> "O que todos os povos indígenas têm em comum? Antes de tudo, o fato de cada qual se identificar como uma coletividade específica, distinta de outras com as quais convive e, principalmente, do conjunto da sociedade nacional na qual está inserida."

_____

_____

_____

17. No trecho a seguir, é possível identificar o paralelismo.

> "Genericamente, os povos indígenas que vivem não apenas em nosso país, mas em todo o continente americano, são também chamados de *índios*."

a) Escreva uma frase com uma estrutura semelhante, usando quaisquer informações presentes no texto.

_____

_____

_____

_____

ROBSON ARAUJO

b) O parágrafo seguinte a esse começa com "Apesar do erro". A que erro o trecho se refere?

_____

_____

_____

18. Em geral, os textos usam palavras que fazem parte de uma mesma família de significados, para reforçar o tema que abordam. Por exemplo, um texto que se refere à escola pode usar palavras que remetam ao ambiente escolar: professor, classe, notas, avaliação, lousa, giz, aulas, colegas, etc.

a) Identifique no texto as palavras que fazem parte de uma mesma família de significados, relativa ao tema central desenvolvido.

_____

_____

b) Faça uma lista com outras palavras ou expressões que poderiam integrar essa mesma família.

_____

_____

_____

_____

c) Escreva um pequeno texto usando essas palavras ou expressões que você listou. Considere que ele seria inserido em uma página no mesmo portal da internet.

_____

_____

_____

_____

_____

_____

_____

_____

_____

AS PALAVRAS E SEUS SIGNIFICADOS

AS PALAVRAS E SEUS SIGNIFICADOS

Reprodução proibida. Art.184 do Código Penal e Lei 9.610 de 19 de fevereiro de 1998

1. ESTRUTURA E PROCESSOS DE FORMAÇÃO DE PALAVRAS

Estrutura

Estudar a estrutura de uma palavra é conhecer as partes que a compõem: radical, desinência, vogal temática, tema e afixos.

- **Radical**: elemento constante que agrupa palavras numa mesma família e dá a elas uma mesma base de significado: **mar**, **mar**é, **mar**esia.

- **Desinência**: indica gênero e número dos nomes (**desinência nominal**: mes**a**, cas**o**) e número, pessoa, tempo e modo dos verbos (**desinência verbal**: vender**emos**, partir**ei**).

- **Vogal temática**: unida ao radical, caracteriza a conjugação de um verbo (1ª: am**a**r; 2ª: vend**e**r; 3ª: part**i**r).

- **Tema** (radical + vogal temática): informa o significado básico de um verbo e a conjugação a que pertence: **ama**r, **vende**r, **parti**r.

- **Afixos**: elementos que se unem ao radical ou ao tema e modificam seu significado. São os **prefixos** (antes do radical: **in**feliz) e os **sufixos** (depois do radical ou do tema: felici**dade**).

Processos de formação

- **Derivação prefixal ou prefixação**: formação com acréscimo de prefixo: **in**feliz.

- **Derivação sufixal ou sufixação**: formação com acréscimo de sufixo: felici**dade**.

- **Derivação prefixal e sufixal**: formação com acréscimo de prefixo e sufixo: **in**felic**idade**.

- **Derivação parassintética**: formação com acréscimo simultâneo de prefixo e sufixo: **a**noit**ecer**, **en**jaul**ar**.

- **Derivação imprópria**: mudança de classe gramatical das palavras sem alteração na forma: o amanhecer, o sim.

- **Derivação regressiva**: substantivos que se originam de verbos (substantivos deverbais): demora (de demorar); venda (de vender).

- **Composição por justaposição**: união de radicais sem alteração nas palavras: beija-flor, passatempo.

- **Composição por aglutinação**: união de radicais com alteração em pelo menos uma das palavras: embora, planalto.

- **Hibridismo**: formação de palavras com elementos de línguas diferentes: automóvel (grego + latim), televisão (grego + latim).

1. Leia com atenção.

**Embaixada brasileira em Berlim
é apedrejada por grupo encapuzado**

Quatro pessoas atiraram pedras e quebraram vidros na madrugada. Polícia alemã analisa imagens das câmeras de segurança.

Disponível em: <http://g1.globo.com/mundo/noticia/2014/05/embaixada-do-brasil-em-berlim-e-apedrejada-diz-imprensa-alema.html>. Acesso em: 29 nov. 2018.

a) Considere as palavras destacadas na manchete e assinale as alternativas **corretas**.

( )   I. O radical de **apedrejada** é **-pedr-**.

( ) II. **Encapuzado** foi formada por derivação sufixal.

( ) III. Em **encapuzado**, **-o** é desinência de gênero.

( ) IV. **Encapuzado** e **apedrejada** foram formadas por derivação parassintética.

( ) V. Em **apedrejada** e **embaixada**, **-ada** é um prefixo.

( ) VI. Em **brasileira**, **-eira** é um sufixo.

b) Identifique o radical, a vogal temática e a desinência número-pessoal das formas verbais **atiraram** e **quebraram**.

_____

_____

c) Os verbos **atirar** e **quebrar** foram conjugados na 3ª pessoa do plural para estabelecer concordância com o sujeito "quatro pessoas". Se este estivesse no singular, o que mudaria na estrutura das formas verbais?

_____

_____

2. Leia atentamente a charge.

Antônio Nicollelo

a) A personagem da direita menciona dois profissionais. Quais são eles?

_____

b) Assim como **doleiro**, as palavras **caminhoneiro**, **cozinheiro** e **marceneiro** no-
meiam profissões. Para formá-las, foi usado um sufixo. Qual é ele?

_____

3. Leia atentamente.

─ □ ✕

Definições intangíveis — sobre a amizade

Entre os amigos e os inimigos existem os animigos e os inamigos. Os primeiros são inimigos que, de um modo ou de outro, nos tornam melhores. Os
últimos são "amigos" que costumam nos conduzir ao fundo do poço.

Disponível em: <http://www.releituras.com/quadrinhoquadrado01.asp>.
Acesso em: 14 maio 2014.

a) A palavra **intangíveis** é derivada de **tangível**, que, em sentido figurado, significa
"compreensível". Ao antepor o prefixo **-in** ao radical, o autor da frase alterou o
sentido da palavra. Então, o que quer dizer **intangíveis**?

_____

_____

b) Quanto às palavras **animigos** e **inamigos**, assinale a alternativa **incorreta**.

( ) Nas duas, o prefixo indica negação.

( ) Ambas podem ser consideradas **neologismos**.

( ) A primeira formou-se a partir de **inimigos**, e a segunda, de **amigos**.

( ) No contexto do texto, nenhuma delas faz sentido.

4. Leia o trecho a seguir, extraído de um livro de Guimarães Rosa. Observe que, para
fazer a caracterização do local, foram fornecidas informações sobre as pessoas
que lá habitavam.

Havia uma aldeia em algum lugar, nem maior nem menor, com velhos
e velhas que velhavam, homens e mulheres que esperavam, e meninos e
meninas que nasciam e cresciam.

[...]

João Guimarães Rosa. _Fita verde no cabelo_: nova velha estória.
Rio de Janeiro: Nova Fronteira, 1992. p. 3. (Fragmento).

a) Transcreva do texto um neologismo.

_____

b) A que classe gramatical pertence essa palavra?

_____

c) E a palavra que a originou?

_____

_____

d) Quais elementos foram acrescentados em sua estrutura para a criação do neologismo?

_____

_____

5. Leia este trecho do texto "A borboleta preta", de Machado de Assis.

> [...]
>
> [...] A manhã era linda. [A borboleta] Veio por ali fora, modesta e negra, espairecendo as suas borboletices, sob a vasta cúpula de um céu azul, que é sempre azul, para todas as asas. Passa pela minha janela, entra e dá comigo. Suponho que nunca teria visto um homem; não sabia, portanto, o que era o homem; descreveu infinitas voltas em torno do meu corpo, e viu que me movia, que tinha olhos, braços, pernas, um ar divino, uma estatura colossal. [...]
>
> [...]

Machado de Assis. *Memórias póstumas de Brás Cubas*.
São Paulo: Moderna, 1994. p. 59. (Coleção Travessias).

a) As palavras **borboletices** e **infinitas** têm o mesmo processo de formação? Explique.

_____

_____

_____

b) **Macaquices** são modos ou trejeitos de macaco. Qual seria o significado de **borboletices**?

_____

_____

c) **Macaquice** deriva de *macaco*, e **borboletices**, de *borboleta*. Que elemento foi responsável pela criação dessas palavras?

_____

6. Forme adjetivos e substantivos acrescentando sufixos aos radicais.

a) pedr-: _____

b) chuv-: _____

7. Crie adjetivos e substantivos acrescentando prefixos e sufixos aos radicais.

a) -feliz-: _____

b) -ativ-: _____

8. Com os radicais a seguir, forme verbos, substantivos e adjetivos pelo processo de derivação parassintética.

a) -velh-: _____

b) -noit-: _____

c) -gaiol-: _____

9. Crie substantivos por derivação regressiva.

a) consumir: _____

b) recuar: _____

c) chorar: _____

d) beijar: _____

10. Associe as palavras ao seu processo de formação.

(a) deslealdade   (　) derivação prefixal

(b) madrepérola   (　) derivação sufixal

(c) televisão   (　) derivação prefixal e sufixal

(d) irreal   (　) derivação parassintética

(e) felizmente   (　) derivação regressiva

(f) dança   (　) composição por justaposição

(g) abotoar   (　) composição por aglutinação

(h) planalto   (　) hibridismo

11. Os sufixos têm significação. Por exemplo, -ada indica "noção coletiva", como em meninada. Associe o sufixo das palavras ao seu significado.

(a) otite   (　) produto derivado

(b) marmelada   (　) grande quantidade

(c) folhagem   (　) ramo de atividade

(d) papelaria   (　) inflamação

ROBSON ARAUJO

12. Relacione as colunas sobre o uso do hífen e seus exemplos.

(a) Para formar palavras compostas que designam espécies botânicas e zoológicas.

(b) Para formar algumas palavras compostas.

(c) Para indicar a separação de sílabas.

(d) Para ligar pronomes oblíquos a verbos.

(e) Para unir o advérbio **mal** a palavras iniciadas por vogal ou por **h**.

(f) Nos compostos com os prefixos **circum-** e **pan-**, desde que o segundo elemento comece por **vogal**, **h**, **m** ou **n**.

(g) Nos compostos em que o segundo elemento começa por **h**.

(h) Nos compostos com os prefixos **pré-**, **pró-**, **pós-**, **ex-** e **vice-**.

( ) mal-amado; mal-estar; mal-entendido; mal-humorado

( ) a-do-les-cen-te; ar-ro-gan-te; com-pa-nhei-ro

( ) encontrá-lo; enviar-lhe-ei; necessita-se

( ) amarelo-ouro; beija-flor; guarda-chuva

( ) erva-doce; estrela-do-mar; mico-leão-dourado

( ) pré-escola; pró-desarmamento, pós-graduação; ex-governador; vice-presidente

( ) circum-navegação; pan-americano; pan-helenismo

( ) anti-higiênico; extra-humano; pré-história; semi-hospitalar

13. Observe atentamente os grupos de palavras abaixo e elabore a regra de uso do hífen para cada um deles.

a) semiárido, semi-interno, semirreta, semissom, semivogal

_____

_____

b) contra-atacar, contrabando, contraindicação, contrarregra, contrassenso

_____

_____

c) ultra-apressado, ultracheio, ultramoderno, ultrarromantismo, ultrassonografia

_____

_____

d) minidicionário, minirretrospectiva, minissaia

_____

_____

e) antiarte, anti-herói, anti-inflamatório, antirrugas, antissocial

_____

_____

14. Assinale a alternativa em que todas as palavras estão grafadas corretamente. Corrija as outras opções reescrevendo-as de forma correta.

( ) **a)** autoajuda, autocrítica, extra-oficial

( ) **b)** infra-assinado, infra-vermelho, infra-escavação

( ) **c)** semi-círculo, semi-humano, semi-árido

( ) **d)** sobre-saia, mini-saia, superssaia

( ) **e)** superelegante, superfino, superpopulação

_____

_____

15. Assinale o item em que o uso do hífen está **incorreto**. Reescreva de forma correta o que estiver errado.

( ) **a)** infraestrutura – super-homem – autoeducação

( ) **b)** auto-escola – ante-sala – contra-regra

( ) **c)** super-homem – infravermelho – autoestima

( ) **d)** infantojuvenil – ultrassom – pseudo-herói

( ) **e)** extraoficial – infra-hepático – semirreta

16. Uma das alternativas abaixo apresenta incorreção quanto ao emprego do hífen. Identifique-a e reescreva de forma adequada o que estiver errado.

( ) **a)** Meu cachorro tomou anti-biótico e vacina anti-rábica.

( ) **b)** O prédio não tem infraestrutura para atividades extraescolares.

( ) **c)** A notícia sobre extraterrestres era extraoficial.

( ) **d)** O ex-governador está em além-mar.

17. Em qual das opções seguintes ocorre erro em relação ao emprego do hífen? Corrija a palavra.

( ) **a)** Começou a campanha pró-leite para a comunidade da zona sul.

( ) **b)** O ex-marido fez sua autodefesa diante do tribunal.

( ) **c)** O contra-filé que o contrarregra comeu estava saborosíssimo.

( ) **d)** Suas atitudes são um verdadeiro contrassenso.

( ) **e)** O meia-direita deu início ao contra-ataque.

18. Uma das palavras abaixo apresenta inadequação quanto ao emprego do hífen. Qual é ela? Como deve ser escrita?

( ) **a)** malmequer – pontapé – paraquedas

( ) **b)** ex-governador – subumano – pan-helenismo

( ) **c)** superinteressante – superamigo – inter-regional

( ) **d)** circum-navegação – pan-americano – interestadual

( ) **e)** superresistente – superanimado – anti-inflamatório

OUTROS RECURSOS

✏️ OUTROS RECURSOS

1. FIGURAS DE LINGUAGEM

Figuras de som

- **Onomatopeia**: uso dos fonemas da língua para reproduzir sons naturais.
- **Aliteração**: repetição de fonemas consonantais para criar efeito sonoro sugestivo.
- **Assonância**: repetição de fonemas vocálicos para criar efeito sonoro sugestivo.

Figuras de sintaxe (ou de construção)

- **Anáfora**: repetição de palavras no início de frases ou de versos.
- **Elipse**: omissão de termos facilmente deduzíveis pelo contexto.
- **Inversão**: alteração da ordem direta da frase.
- **Pleonasmo**: uso de mais palavras que o suficiente para comunicar uma só ideia, a fim de realçá-la.
- **Polissíndeto**: repetição de conjunções numa sequência de orações.
- **Assíndeto**: ausência de conjunções numa sequência de orações.
- **Silepse**: concordância nominal ou verbal no plano das ideias.

Figuras de palavras

- **Comparação**: aproximação de elementos diferentes com algum ponto em comum.
- **Metáfora**: designação de um ser pelo nome normalmente usado para designar outro ser, em razão de certa semelhança figurada entre eles.
- **Metonímia**: substituição de um termo por outro, havendo uma relação objetiva de afinidades entre eles.

Figuras de pensamento

- **Antítese**: combinação de ideias opostas.
- **Paradoxo**: combinação de ideias opostas que acaba formando uma contradição.
- **Eufemismo**: uso de termos mais suaves para comunicar uma ideia incômoda.
- **Hipérbole**: uso do exagero para enfatizar uma ideia.
- **Prosopopeia (ou personificação)**: atribuição de qualidades ou ações humanas a seres não humanos.

1. Leia o título de uma entrevista com a cantora Iza, publicada em um *site*.

─ □ ✕

O furacão Iza

Disponível em: <https://revistatouch.com/materias-destaque/o-furacao-iza/>.
Acesso em: 30 nov. 2018.

a) Que figura de linguagem foi usada no título da entrevista?

b) Mesmo que o leitor não conheça a cantora Iza, ele pode deduzir sobre o perfil e a carreira dela com base nessa figura de linguagem. Que associação ele faria para chegar a essa conclusão?

_____

_____

2. Observe atentamente a placa abaixo.

a) Para convencer o cliente a contratar seus serviços, o comerciante fez uso de uma figura de linguagem. Identifique-a.

_____

b) Explique como ela pode funcionar como um recurso argumentativo nesse contexto.

_____

_____

_____

_____

3. Leia a tira.

HAGAR   **DIK BROWNE**

a) Para compreender o humor da tira, é essencial entender também a figura de linguagem que foi usada no segundo quadrinho. Qual é ela?

_____

b) Explique como essa figura contribuiu para a formação do humor.

_____

_____

_____

4. Leia com atenção a manchete a seguir e o parágrafo que a acompanha.

> ## *Governo diz que crateras não vão atrasar obra da Linha 4 em Ipanema*
>
> Dois buracos se abriram em Ipanema e causas são investigadas. "Paralisação da obra foi pontual", diz engenheiro do Consórcio Linha 4 Sul.
>
> Disponível em: <http://g1.globo.com/rio-de-janeiro/noticia/2014/05/
governo-diz-que-crateras-nao-vao-atrasar-obra-da-linha-4-em-ipanema.html>.
Acesso em: 30 nov. 2018. (Fragmento).

a) Há duas ocorrências do verbo **dizer** no texto. A quem ele se refere em cada uma delas?

_____

b) Em um desses casos existe uma figura de linguagem. Qual? Explique-a.

_____

_____

c) Observe que, para falar do mesmo fenômeno, o emissor da mensagem usou os termos "crateras" e "buracos". Considerando que se trata de um título de notícia, a escolha dessas palavras pode ter sido intencional ou foi apenas uma estratégia para não repetir palavras? Explique sua opinião.

_____

_____

_____

5. Associe as frases às respectivas figuras de linguagem.

(a) Colocou a prataria na mesa.   ( ) Metáfora
(b) Maria cantou uma bela canção.   ( ) Metonímia
(c) Aquele tique-taque incomodou-o a noite toda.   ( ) Pleonasmo
(d) "Quem ama o feio, bonito lhe parece." (provérbio) ( ) Eufemismo
(e) O chefe dela faltou com a verdade.   ( ) Antítese
(f) O garotinho era forte como um touro.   ( ) Onomatopeia
(g) O vento vem ventando forte, forte.   ( ) Silepse
(h) Criança eu não sou!   ( ) Aliteração
(i) A multidão enfurecida gritavam na manifestação. ( ) Comparação
(j) Essa criança é um anjinho!   ( ) Inversão

ROBSON ARAUJO

6. Leia o poema a seguir, escrito por um poeta brasileiro contemporâneo.

Sem você

nenhuma   metáfora
traduz   a falta
nenhuma   imagem
exata

faca   encravada
nesse   silêncio
dia   sem dia
piada   sem graça
acordar   sem você
me   mata

Frederico Barbosa. Disponível em: <http://www.blocosonline.com.br/literatura/arquivos. php?codigo=p01/p010498.htm&tipo=poesia>. Acesso em: 7 dez. 2018.

- Assinale a afirmativa **incorreta** a respeito do poema. Depois, justifique sua resposta.

(   ) **a)** O tema do poema é o sofrimento que a separação causa no eu lírico.

(   ) **b)** A disposição das palavras no espaço do papel alia a forma do poema ao seu conteúdo: a separação das palavras em duas partes simboliza a separação amorosa.

(   ) **c)** Ao dizer que "nenhuma metáfora / traduz a falta", o eu lírico expressa que é impossível traduzir em palavras o significado da separação.

(   ) **d)** Os versos "acordar sem você / me mata" constituem um exemplo de eufemismo.

Justificativa: _____

_____

2. MODALIZAÇÃO EM UMA REPORTAGEM

O gênero textual reportagem pertence à esfera jornalística e apresenta uma investigação, uma análise aprofundada sobre um fato a fim de que o leitor tenha um amplo entendimento sobre ele.

Predominantemente expositivo, trata de temas de relevância para o público leitor do jornal, não necessariamente vinculados a fatos recentes, como ocorre na notícia.

Muitas vezes, as informações contidas na reportagem foram apuradas em entrevistas com especialistas, pesquisas, depoimentos de envolvidos nos fatos e dados selecionados e interpretados pelo jornalista. A escolha do tema e o ponto de vista adotado na reportagem podem revelar a opinião do repórter ou do jornal a respeito dos fatos.

A linguagem empregada na reportagem depende das características da publicação em que ela vai circular. Em jornais e revistas voltados para o público em geral, é empregada a linguagem formal. Em publicações para grupos específicos, pode ser empregada uma linguagem menos formal e adequada ao público da revista ou do jornal.

A reportagem circula em jornal impresso, e também em outras mídias.

Wanderlust feelings

Você está sempre procurando promoções online de passagens aéreas ou planeja viagens sem sequer ter férias programadas? Ama pesquisar destinos diferentes pelo mundo? Você pode ter sido picado pelo "wanderlust"

Quem viaja absorve culturas diferentes, tem chance de fazer novos amigos, adquire experiência e independência... e é tudo tão apaixonante que tem gente que muda de vida em busca de um objetivo: construir a própria história viajando. Esse desejo se traduz numa expressão derivada do alemão que está ficando famosa: *wanderlust* — a vontade louca de viajar e explorar o mundo. Resumindo: é quando rola aquela saudade de um lugar que a gente ainda nem conhece.

Para gravar um documentário sobre felicidade, o gaúcho Felipe Costa, 26 anos, rodou 23 mil quilômetros passando por 16 países da América Latina em uma Kombi, ao lado do amigo Emilio Sagaia. Essa foi a primeira viagem internacional de Felipe que, às vezes, ainda acorda de madrugada pensando que está dormindo na Kombi.

— Encontramos pessoas mais loucas que a gente no caminho. Em Belize, tinha um casal com três crianças viajando de bicicleta do Canadá ao Brasil — lembra ele, que sonha em se mudar para o Havaí quando fizer 30.

De todos os lugares explorados, perguntamos qual era o preferido de Felipe. E, claro, foi difícil responder!

— Tulum, no México, é incrível. Semuc Champey, na Guatemala, é um dos locais mais lindos do mundo. Punta Roca, em El Salvador, é o paraíso de surfistas. Tem Machu Picchu, Cartagena das Índias... é tudo muito bonito! — diz, sem conseguir escolher um lugar preferido.

Se a viagem de Felipe tinha data para terminar, a da família da catarinense Fabiana Nigol, da série *Nalu pelo mundo*, do canal Multishow, só tem para começar. Casada com o surfista Everaldo Pato, Fabi viaja pelos quatro cantos cuidando do marido e da filha, Isabella, a mimosa Nalu.

— O *Nalu pelo mundo* começou com a gente buscando as melhores ondas do planeta. E nunca mais paramos — conta.

Fabiana brinca que a família Nalu é cigana. A vida deles é uma surpresa, sem planejamento. Onde rola onda e temporada, lá estão os três. Cada viagem traz uma nova vivência e lindas histórias para contar.

— Quando estamos em casa, no Brasil, sentimos falta de arrumar as malas e partir. Uma vida sem frescuras e com liberdade, como nós levamos, é muito mais legal de ser vivida. Em cada viagem, aprende-

Machu Picchu, Peru, 2012.

mos muitas coisas diferentes que em casa não teríamos a oportunidade de viver — revela Fabi.

A gente concorda! Ter ansiedade por viajar, se aventurar e curtir é supernormal e saudável. Viajar significa ter liberdade, e todo jovem anseia isso. Mas também é preciso cuidado.

— O que não pode é isso virar uma obsessão. A pessoa não pode viver eternamente insatisfeita no lugar onde mora. Buscar a felicidade é necessário, mas saber valorizar o que se vive no momento também é muito importante — alerta a psicóloga Roberta Dias.

O mundo é a minha casa

A porto-alegrense Camila Felizardo, 35 anos, trancou a faculdade de Comércio Exterior na Unisinos quando tinha 23 anos e foi morar em Los Angeles. De lá, resolveu passar uns dias na Austrália com as amigas. Resultado? Nunca mais voltou. Hoje é casada com o fotógrafo de surfe Pedro Felizardo. Juntos, são pais da pequena Marina, que já viajou com os pais por Indonésia, Europa, Brasil e Chile. Os três moram em Bali.

Camila tem o sentimento *wanderlust* na veia. Vive pesquisando passagens e destinos.

— Você sempre volta diferente de uma viagem. Vejo minha filha de oito anos aprendendo coisas e fazendo observações sobre outras culturas e adquirindo um profundo respeito pelo ser humano independentemente de religião, cor ou classe social. Algo que ela não aprenderia em nenhuma sala de aula. Por mais que você tenha visto fotos de um lugar ou ouvido relatos, nada se compara à experiência de ver e sentir um lugar que você sempre sonhou em conhecer — diz Camila.

Outra *expert* em dicas de viagem, a publicitária e blogueira Fernanda Costa Gama, 28, ajuda viajantes de plantão com o *blog Spice up the road*, criado quando ela ainda morava e fazia pós-graduação em Los Angeles. Mas a grande paixão por conhecer lugares novos começou quando viveu na Austrália, aos 16 anos.

— Adoro estar fora de casa, gosto de descobrir coisas novas, explorar, comer bem e tirar muitas fotos. Sempre que retorno é um drama e uma tristeza por estar de volta. Depois passa, pois já me organizo para a próxima viagem — diverte-se Fernanda.

Wanderlust em 8 sinais

1. Todo dia no estágio ou na sala de aula, você sonha que está no exterior.
2. Leva o passaporte para todo lugar e olha para ele melancolicamente.
3. Calcula constantemente que horas são em Tóquio, Istambul ou Barcelona.
4. Sempre checa a temperatura em diferentes lugares do mundo.
5. Sente-se em casa em qualquer lugar.
6. Confere tarifas *online* constantemente.
7. A única arte nas paredes da casa são mapas.
8. Frequentemente assiste a vídeos sobre lugares, paisagens ou viagens.

Dicas de viagem

- A melhor época para viajar precisa atender às necessidades do corpo da gente: se não gosta de frio, não vá para a Europa no inverno. Se não suporta calor, evite Miami no verão.

- Cuidado com temporadas perigosas: pesquise sobre possíveis épocas de furacões, tufões ou previsões extremas de clima no seu destino.

- Índia, Honduras, Jordânia, Nepal, Indonésia, Marrocos e Polônia são destinos relativamente baratos.

- Leve em conta as dicas do seu agente de viagem para não pagar mais caro no transporte terrestre ou pegar um ônibus errado.

- Os lugares mais parecidos com o Brasil, segundo a maioria das pessoas que os visitam, são Barcelona, Sydney e Cidade do Cabo.

- Roubos são comuns em qualquer lugar do mundo, não se descuide. O perrengue mais comum dos turistas são os famosos batedores de carteira.

- Uma nova lei francesa contra produtos falsificados pode gerar uma multa que vai até 300 mil euros ou três anos de prisão. Então, é melhor deixar produtos sem procedência conhecida em casa.

- Aqueles bilhetes aéreos especiais para dar a volta ao mundo podem custar menos de US$ 4 mil.

- Evite brincadeiras e comentários desnecessários perto de agentes de companhias aéreas ou policiais de imigração.

- Os voos *low coast* podem ser a salvação de uma viagem, mas só funcionam pra quem leva o mínimo ou nada de bagagem.

- Para conhecer muitos lugares do mundo todo, sem muito luxo e com muito planejamento, você vai desembolsar cerca de US$ 25 mil.

Marina Ciconet. Disponível em: <http://issuu.com/kzuka/docs/pdf144>.
Acesso em: 30 nov. 2018.

 Glossário

Low coast: voos de baixo custo, mais baratos.

7. O texto aborda um sentimento traduzido por uma palavra derivada do alemão: *wanderlust (wander-* vagar; *lust-* desejo). Explique, com suas palavras, o significado dessa palavra.

_____

_____

8. Segundo o texto, quais as vantagens de viajar?

_____

_____

- Além de obter essas vantagens, o que mais buscam as pessoas guiadas pelo sentimento de *wanderlust*?

_____

_____

9. Os entrevistados citados no texto apresentam um perfil semelhante.

a) Descreva esse perfil.

_____

_____

b) O que difere essas pessoas de viajantes comuns? Justifique sua resposta com exemplos do texto.

_____

_____

_____

_____

_____

_____

10. Releia este subtítulo: "O mundo é a minha casa". Como ele se relaciona com os depoimentos nele apresentados?

_____

_____

_____

11. Considerando que o texto que você leu é uma reportagem, explique qual é a função dos depoimentos nele apresentados.

_____

_____

_____

12. Releia.

> "— O que não pode é isso virar uma obsessão. A pessoa não pode viver eternamente insatisfeita no lugar onde mora. Buscar a felicidade é necessário, mas saber valorizar o que se vive no momento também é muito importante — alerta a psicóloga Roberta Dias."

a) "O que não pode é **isso** virar uma obsessão." Nesse trecho, o pronome demonstrativo **isso** faz referência a quê?

_____

b) Qual é o alerta feito pela psicóloga? Qual é a função desse depoimento na reportagem?

_____

_____

_____

_____

_____

13. Na reportagem, a opinião da autora é apresentada de forma indireta, por meio do uso de adjetivos e de advérbios. Releia este trecho.

> "De todos os lugares explorados, perguntamos qual era o preferido de Felipe. E, claro, foi difícil responder!"

a) No trecho acima, há uma palavra que expressa um ponto de vista da repórter. Identifique essa palavra e a opinião que ela revela.

_____

_____

_____

b) Encontre outro trecho em que haja um ponto de vista explícito da repórter.

_____

_____

_____

_____

14. Assim como acontece com os diálogos em uma narrativa, os depoimentos, na reportagem ou na notícia, podem ser acompanhados dos verbos _dicendi_ ou verbos de elocução. **Observe estes fragmentos.**

> "— Encontramos pessoas mais loucas que a gente no caminho. Em Belize, tinha um casal com três crianças viajando de bicicleta do Canadá ao Brasil — lembra ele, que sonha em se mudar para o Havaí quando fizer 30."

> "— Adoro estar fora de casa, gosto de descobrir coisas novas, explorar, comer bem e tirar muitas fotos. Sempre que retorno é um drama e uma tristeza por estar de volta. Depois passa, pois já me organizo para a próxima viagem — diverte-se Fernanda."

a) Os verbos destacados nesses fragmentos, além de acompanhar as falas dos entrevistados, revelam as reações deles no momento em que emitem seus depoimentos. Identifique que reações são essas.

_____

_____

_____

b) Transcreva do texto outros verbos de elocução.

_____

15. Analise a linguagem utilizada no texto.

a) Ela é formal ou informal? Dê exemplos que comprovem sua resposta.

_____

_____

_____

b) Essa reportagem foi publicada em uma revista _online_ voltada para jovens. Considerando o leitor presumido (aquele que o autor do texto imagina que vá ler o texto) e o tema da reportagem, essa linguagem é adequada?

_____

_____

16. Em alguns momentos da reportagem, o enunciador se dirige diretamente ao leitor.

a) Em quais momentos isso ocorre? Justifique transcrevendo trechos do texto.

_____

_____

_____

b) Que recursos gramaticais são usados pelo enunciador para se dirigir ao leitor?

_____

_____

c) Qual é a função desses recursos na reportagem?

_____

_____

A resenha crítica é um gênero argumentativo que apresenta informações e comentários sobre produtos culturais com a finalidade de convencer o leitor a consumi-los.

Pode apresentar diferentes recursos, como citações de especialistas, dados estatísticos, exemplos, fatos, referências históricas, entre outros.

A opinião do autor da resenha pode estar expressa em 1ª pessoa, de forma mais subjetiva, ou em 3ª pessoa, de maneira mais impessoal.

Circula em jornais, revistas e outras mídias.

Ler para fugir da vida — ou para mergulhar nela

O que as memórias de um editor e a doença de sua mãe nos ensinam sobre a leitura e a solidão

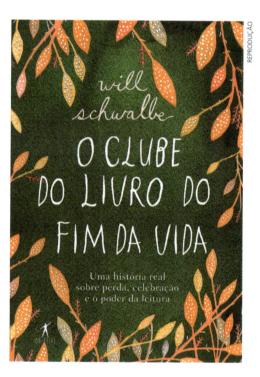

A leitura é um dos métodos mais eficientes e aceitáveis para evitar pessoas. Talvez por isso eu goste tanto dos livros e tenha decidido me dedicar a eles. Não sou o único. Já vi muitos leitores dizerem que têm mais livros que amigos, ou que gostam mais de livros do que de pessoas. Costumo concordar com eles e me considero um homem de sorte. Enquanto meus colegas jornalistas conversam constantemente com fontes, pessoalmente ou ao telefone, escolhi uma área que é o paraíso dos introvertidos. A maior parte do meu trabalho é feita em silêncio, diante de um livro ou da tela de um computador. Mesmo fora do trabalho, basta dizer que quero ler ou escrever e todos ao meu redor me deixam em paz (talvez para o meu azar). Seria a receita perfeita para a reclusão. Mas, como todo leitor com ideias descabidas e alguma curiosidade, vez ou outra deparo com livros que mostram o tamanho da minha ignorância — sobre a vida e sobre a leitura. Este texto é sobre um desses livros.

Para quem enxerga a leitura como uma forma de isolamento ou fuga da realidade, *O clube do livro do fim da vida* (Objetiva, R$ 37,90, 296 páginas, tradução de Rafael Mantovani) é um convite a repensar essa visão de mundo. Para quem acredita na leitura como uma experiência coletiva, é um livro que merece ser discutido em grupos e passado de mão em mão. Uma declaração de amor à vida, à leitura e à família.

No livro, o americano Will Schwalbe, ex-executivo de uma editora, narra a vida ao lado de sua mãe, Mary Anne, uma pioneira no trabalho voluntário no Afeganistão. Há muitas páginas dedicadas ao belo trabalho humanitário de Mary Anne, e aos bastidores do mercado literário revelados por Will. Mas o tema central de *O clube do livro do fim da vida* são os últimos dois anos da vida de Mary Anne, e a maneira como os livros transformaram o convívio entre mãe e filho.

Ao descobrir que sua mãe recebera um diagnóstico de câncer no pâncreas em estágio avançado, Will decide acompanhá-la nas sessões semanais de quimioterapia. Na primeira, sua mãe lhe pergunta o que ele estava lendo. Ele acha graça — foi-se o tempo em que podíamos pressupor que alguém estava lendo algo, mas ela insistia em fazer aquela pergunta a todos. Os dois passam a trocar opiniões e indicações de leitura, e os livros viram o principal assunto entre os dois na sala de espera do hospital. As conversas se repetem, com livros e opiniões diferentes a cada semana. "Tínhamos criado, sem saber, um clube do livro muito insólito, com apenas dois participantes. Como acontece em muitos clubes de leitura, nossas conversas transitavam entre as vidas dos personagens e as nossas próprias", diz Will. "Não líamos apenas 'grandes livros', líamos de forma casual, promíscua e impulsiva." Na lista de leituras, há desde autores clássicos como Shakespeare e Dante a *best-sellers* recentes e livros de autoajuda.

Aos poucos, os livros passam a servir como apoio para que mãe e filho conversem sobre assuntos difíceis de abordar. Falar da doença ou da morte de um personagem é uma maneira de falar do câncer sem tocar no assunto diretamente. "Eles nos ajudam a falar. Mas também nos dão algo sobre o qual todos podemos falar quando não queremos falar sobre nós mesmos", diz Will. "Ainda podíamos compartilhar livros, e enquanto estivéssemos lendo esses livros não seríamos a pessoa doente e a pessoa saudável; seríamos apenas uma mãe e um filho adentrando um novo mundo juntos." Os livros também serviam como uma maneira sutil de demonstrar esperança no futuro. Num verão, os dois começaram a escolher livros longos, como *A montanha mágica*, de Thomas Mann. Acreditavam, mesmo sem chance de cura da doença, que ambos conseguiriam ler até a última página. Terminaram muitos grandes livros assim.

Mais do que uma forma de unir-se à mãe, Will vê a leitura como uma maneira de vencer a morte. "Nunca serei capaz de ler os livros preferidos da minha mãe sem pensar nela — e quando os passo adiante e os recomendo, saberei que parte daquilo que a formava vai junto com eles", diz ele. *O clube do livro do fim da vida* divide esse legado com todos os leitores.

Estamos todos no mesmo clube do livro, assim como Will e Mary Anne. Por mais que tentemos nos esconder atrás dos livros, eles nos impulsionam de volta para a realidade. A leitura não é uma forma de fugir da vida, mas de mergulhar nela e redescobri-la.

Danilo Venticinque. Disponível em: <https://epoca.globo.com/colunas-e-blogs/danilo-venticinque/noticia/2013/08/ler-para-bfugirb-da-vida-ou-para-bmergulharb-nela.html>. Acesso em: 30 nov. 2018.

17. Logo no início do texto, o autor apresenta uma opinião sobre a finalidade da leitura. Segundo ele, para que serve a leitura?

_____

_____

a) Que imagem do autor é transmitida a partir dessa opinião?

_____

_____

b) Essa imagem é confirmada ao longo do texto? Transcreva um trecho que comprove sua resposta.

_____

_____

_____

18. Releia e explique por que, para Danilo Venticinque, editor de livros e colunista da revista *Época*, a área em que ele trabalha é "o paraíso dos introvertidos".

> "Enquanto meus colegas jornalistas conversam constantemente com fontes, pessoalmente ou ao telefone, escolhi uma área que é o paraíso dos introvertidos."

_____

_____

_____

19. Para fundamentar seu ponto de vista sobre a função da leitura, o autor cita um argumento baseado em um exemplo pessoal. Identifique-o.

_____

_____

_____

- Esse tipo de argumento é usado quando se tem autoridade para falar do assunto. Quais características do autor conferem credibilidade ao seu argumento?

_____

_____

_____

_____

20. Releia este trecho.

> "Mas, como todo leitor com ideias descabidas e alguma curiosidade, vez ou outra deparo com livros que mostram o tamanho da minha ignorância — sobre a vida e sobre a leitura. Este texto é sobre um desses livros."

- A conjunção **mas**, destacada no início do trecho, expressa uma:
  - ( ) **a)** afirmação das ideias apresentadas anteriormente.
  - ( ) **b)** oposição às ideias apresentadas anteriormente.
  - ( ) **c)** explicação do que foi dito anteriormente.
  - ( ) **d)** conclusão das ideias expressas anteriormente.

21. Releia o primeiro parágrafo e identifique, se houver,

a) palavra (ou expressão) que expressa concordância de uma ideia: _____

b) palavra (ou expressão) que expressa discordância de uma ideia: _____

c) palavra (ou expressão) que considera uma ideia parcialmente correta: _____

22. No 2º parágrafo, são apresentadas informações sobre o livro, confirmando a intenção comunicativa do texto. Quais são essas informações? Elas são relevantes? Por quê?

_____

_____

_____

23. Ainda no 2º parágrafo, o autor faz uma crítica da obra. Ela é negativa ou positiva? Justifique sua resposta.

_____

_____

_____

_____

24. Que informações são apresentadas a partir do 3º parágrafo? Resuma-as.

_____

_____

_____

_____

_____

25. Releia.

> "Mais do que uma forma de unir-se à mãe, Will vê a leitura como uma maneira de vencer a morte."

a) Como a leitura aproximou Will e sua mãe ajudando-os a enfrentar a doença?

_____

_____

_____

b) Explique por que para Will a leitura é uma maneira de vencer a morte.

_____

_____

26. No início do texto, o autor declara que considera a leitura uma forma de fugir da vida. Logo em seguida, ele contesta essa opinião. Releia.

> "Seria a receita perfeita para a reclusão. Mas, como todo leitor com ideias descabidas e alguma curiosidade, vez ou outra deparo com livros que mostram o tamanho da minha ignorância — sobre a vida e sobre a leitura."

a) O que o emprego do verbo **ser** no futuro do pretérito indica a respeito da ideia apresentada no início da resenha?

_____

b) A tese do autor, portanto, qual é?

_____

_____

c) A conclusão da resenha é coerente com essa tese? Justifique sua resposta.

_____

27. O autor da resenha precisava elaborar um texto expressando a opinião dele a respeito de uma obra. Para fazer isso, ele escolheu um caminho: apresentar uma opinião a respeito da função da leitura.

a) Que papel a apresentação da obra e a síntese a respeito dela exercem na argumentação elaborada pelo autor?

_____

_____

b) O autor poderia ter apresentado a obra, falado de suas qualidades, sem mencionar a opinião dele a respeito da função da leitura. De que forma a escolha feita por ele contribuiu para valorizar a obra resenhada?

_____

_____

28. Releia o título e o subtítulo do texto.

a) O título e o subtítulo apresentam o questionamento proposto pelo autor. Que questionamento seria esse?

_____

b) A palavra **solidão** relaciona-se a qual ideia expressa no texto? Que outras palavras ou expressões do texto relacionam-se a essa mesma ideia?

_____

_____

Habilidades BNCC	
Ortografia	**(EF06LP11)** Utilizar, ao produzir texto, conhecimentos linguísticos e gramaticais: tempos verbais, concordância nominal e verbal, regras ortográficas, pontuação etc. **(EF08LP04)** Utilizar, ao produzir texto, conhecimentos linguísticos e gramaticais: ortografia, regências e concordâncias nominal e verbal, modos e tempos verbais, pontuação etc. **(EF67LP32)** Escrever palavras com correção ortográfica, obedecendo as convenções da língua escrita.
Acentuação, pontuação e outras notações	**(EF05LP03)** Acentuar corretamente palavras oxítonas, paroxítonas e proparoxítonas. **(EF06LP11)** Utilizar, ao produzir texto, conhecimentos linguísticos e gramaticais: tempos verbais, concordância nominal e verbal, regras ortográficas, pontuação etc. **(EF08LP04)** Utilizar, ao produzir texto, conhecimentos linguísticos e gramaticais: ortografia, regências e concordâncias nominal e verbal, modos e tempos verbais, pontuação etc.
Morfossintaxe	**(EF06LP06)** Empregar, adequadamente, as regras de concordância nominal (relações entre os substantivos e seus determinantes) e as regras de concordância verbal (relações entre o verbo e o sujeito simples e composto). **(EF06LP07)** Identificar, em textos, períodos compostos por orações separadas por vírgula sem a utilização de conectivos, nomeando-os como períodos compostos por coordenação. **(EF06LP08)** Identificar, em texto ou sequência textual, orações como unidades constituídas em torno de um núcleo verbal e períodos como conjunto de orações conectadas. **(EF06LP09)** Classificar, em texto ou sequência textual, os períodos simples e compostos. **(EF06LP11)** Utilizar, ao produzir texto, conhecimentos linguísticos e gramaticais: tempos verbais, concordância nominal e verbal, regras ortográficas, pontuação etc. **(EF07LP06)** Empregar as regras básicas de concordância nominal e verbal em situações comunicativas e na produção de textos. **(EF07LP11)** Identificar, em textos lidos ou de produção própria, períodos compostos nos quais duas orações são conectadas por vírgula, ou por conjunções que expressem soma de sentido (conjunção "e") ou oposição de sentidos (conjunções "mas", "porém"). **(EF08LP04)** Utilizar, ao produzir texto, conhecimentos linguísticos e gramaticais: ortografia, regências e concordâncias nominal e verbal, modos e tempos verbais, pontuação etc. **(EF08LP06)** Identificar, em textos lidos ou de produção própria, os termos constitutivos da oração (sujeito e seus modificadores, verbo e seus complementos e modificadores). **(EF08LP11)** Identificar, em textos lidos ou de produção própria, agrupamento de orações em períodos, diferenciando coordenação de subordinação. **(EF08LP12)** Identificar, em textos lidos, orações subordinadas com conjunções de uso frequente, incorporando-as às suas próprias produções. **(EF08LP15)** Estabelecer relações entre partes do texto, identificando o antecedente de um pronome relativo ou o referente comum de uma cadeia de substituições lexicais. **(EF09LP08)** Identificar, em textos lidos e em produções próprias, a relação que conjunções (e locuções conjuntivas) coordenativas e subordinativas estabelecem entre as orações que conectam. **(EF09LP09)** Identificar efeitos de sentido do uso de orações adjetivas restritivas e explicativas em um período composto. **(EF09LP10)** Comparar as regras de colocação pronominal na norma-padrão com o seu uso no português brasileiro coloquial.

Coesão	**(EF07LP13)** Estabelecer relações entre partes do texto, identificando substituições lexicais (de substantivos por sinônimos) ou pronominais (uso de pronomes anafóricos – pessoais, possessivos, demonstrativos), que contribuem para a continuidade do texto. **(EF08LP14)** Utilizar, ao produzir texto, recursos de coesão sequencial (articuladores) e referencial (léxica e pronominal), construções passivas e impessoais, discurso direto e indireto e outros recursos expressivos adequados ao gênero textual. **(EF08LP15)** Estabelecer relações entre partes do texto, identificando o antecedente de um pronome relativo ou o referente comum de uma cadeia de substituições lexicais. **(EF09LP11)** Inferir efeitos de sentido decorrentes do uso de recursos de coesão sequencial (conjunções e articuladores textuais). **(EF67LP36)** Utilizar, ao produzir texto, recursos de coesão referencial (léxica e pronominal) e sequencial e outros recursos expressivos adequados ao gênero textual. **(EF89LP29)** Utilizar e perceber mecanismos de progressão temática, tais como retomadas anafóricas ("que, cujo, onde", pronomes do caso reto e oblíquos, pronomes demonstrativos, nomes correferentes etc.), catáforas (remetendo para adiante ao invés de retomar o já dito), uso de organizadores textuais, de coesivos etc., e analisar os mecanismos de reformulação e paráfrase utilizados nos textos de divulgação do conhecimento.
As palavras e seus significados	**(EF07LP03)** Estabelecer relações entre partes do texto, identificando substituições lexicais (de substantivos por sinônimos) ou pronominais (uso de pronomes anafóricos – pessoais, possessivos, demonstrativos), que contribuem para a continuidade do texto. **(EF08LP05)** Analisar processos de formação de palavras por composição (aglutinação e justaposição), apropriando-se de regras básicas de uso do hífen em palavras compostas. **(EF67LP35)** Distinguir palavras derivadas por acréscimo de afixos e palavras compostas.
Outros recursos	**(EF08LP16)** Explicar os efeitos de sentido do uso, em textos, de estratégias de modalização e argumentatividade (sinais de pontuação, adjetivos, substantivos, expressões de grau, verbos e perífrases verbais, advérbios etc.). **(EF67LP38)** Analisar os efeitos de sentido do uso de figuras de linguagem, como comparação, metáfora, metonímia, personificação, hipérbole, dentre outras. **(EF89LP16)** Analisar a modalização realizada em textos noticiosos e argumentativos, por meio das modalidades apreciativas, viabilizadas por classes e estruturas gramaticais como adjetivos, locuções adjetivas, advérbios, locuções adverbiais, orações adjetivas e adverbiais, orações relativas restritivas e explicativas etc., de maneira a perceber a apreciação ideológica sobre os fatos noticiados ou as posições implícitas ou assumidas. **(EF89LP14)** Analisar, em textos argumentativos e propositivos, os movimentos argumentativos de sustentação, refutação e negociação e os tipos de argumentos, avaliando a força/tipo dos argumentos utilizados. **(EF89LP23)** Analisar, em textos argumentativos, reivindicatórios e propositivos, os movimentos argumentativos utilizados (sustentação, refutação e negociação), avaliando a força dos argumentos utilizados. **(EF89LP31)** Analisar e utilizar modalização epistêmica, isto é, modos de indicar uma avaliação sobre o valor de verdade e as condições de verdade de uma proposição, tais como os asseverativos – quando se concorda com ("realmente, evidentemente, naturalmente, efetivamente, claro, certo, lógico, sem dúvida" etc.) ou discorda de ("de jeito nenhum, de forma alguma") uma ideia; e os quase-asseverativos, que indicam que se considera o conteúdo como quase certo ("talvez, assim, possivelmente, provavelmente, eventualmente"). **(EF89LP37)** Analisar os efeitos de sentido do uso de figuras de linguagem como ironia, eufemismo, antítese, aliteração, assonância, dentre outras.